承先啟後的中華禪法鼓宗

聖嚴法師—著

目錄

中華禪法鼓宗

修行、傳承與傳法

中華禪法鼓宗

前言

這本小書，是集合我兩年來所講的一篇節錄稿及兩篇中心稿而成，因為都是闡述我個人對於漢傳佛教的使命感與責任心，說明中華禪法鼓宗的淵源、因緣和目的，也是敘述我建立法鼓山教團的宗旨和目的。由於年事漸高，對於身為漢傳禪佛教的臨濟、曹洞兩系法裔的我，若未能在我住世之際，見到漢傳的禪佛教快速復興，至少也要將此一使命和責任，寄望於法鼓山的僧俗四眾，來持續地推動，以之來利益普世的人間大眾。

編案：本文為結緣書《承先啟後的中華禪法鼓宗》的前言，本書是以該書為基礎，增補相關文稿，以期完整介紹中華禪法鼓宗的傳承。

我的使命與責任

晚近因為有人指評漢傳佛教的缺失，是在於沒有修證次第及教學次第，甚至也不合印度阿含、中觀等之法義，於是便有人對於漢傳佛教失去研修的信心。其實並非如此簡單地便可將漢傳佛教揚棄，如若真的如此不堪，漢傳佛教兩千年來的光輝歷史，又是如何形成的呢？

聖嚴一生所致力者，似乎涵蓋禪、淨、律、密以及各宗各派的教理教史，相當龐雜，其實我一向不會只為了學問的研究而做研究，必是為了佛法的實用而做研究，是為了使得傳統的中、印佛教諸宗，如何落實到現代人的一般生活之中，如何使得多數的現代人看懂，而且能應用佛法的智慧，是我畢生的使命和責任。

我們知道，佛教原同一味，即是解脫味，唯其經歷印度大、小乘諸論師以及中國諸宗各大善知識的整理、修證、體悟，而化為文字的寶典，都是我們應當學習的資糧。只緣我是漢傳佛教的子孫，必須珍惜漢傳佛教的遺產，故自我創立中華佛學研究所伊始，即以「立足中華，放眼世界」，做為所訓的開端語。我們若拋開了漢傳的華文佛教而高談與世界的現代佛教接軌，恐怕很難找到自己被他人尊重的立場了！

既然有人指責漢傳佛教之流弊，也就有人否定漢傳佛教之價值，並主張以印、藏佛教來取代漢傳佛教，或以之來批判修正漢傳佛教。我則不然，我是承接印度佛教根本思想，肯定藏傳佛教優良面，卻以漢傳佛教做為立足點，漢傳佛教之好是在於有其消融性、包容性、適應性、人間的普及性以及社會的接納性。因此我是將印度佛教（包括巴利語系）乃至藏傳佛教引為漢傳佛教的源頭活水，來滋潤助長漢傳佛教的發揚光大於現今及未來的世界。否則若以印度佛教及他系佛教來批判修正漢傳佛教，便等於為漢傳佛教舉辦告別式了。這種態度不僅是人類智慧遺產的損失，也是佛教歷史的憾事。何況人類文化的歷史是向前演進的，一定有其演進過程的必要性及合理性，如果再把歷史倒轉來走，回到其源頭豈不是僅剩下根本的原始佛教，而凡是發展的部派佛教以及印、漢、藏的各派大乘佛教，都要被修正或拋棄了呢？

（撰寫於二〇〇六年四月下旬，摘錄自〈天台四部止觀導讀序〉，原收錄於結緣書《承先啟後的中華禪法鼓宗》）

承先啟後

法鼓山存在的意義與使命是「承先啟後」。現代人的自我中心非常強，不少人都抱有發揮自己所長及所能的雄心壯志，如果是以承先啟後的角度而言，的確值得鼓勵；如果以推翻前人的貢獻而另起爐灶，是不足取法的。以現代的自然科技而言，若不推翻前人的觀點，便無法呈現自己的創新。可是人類的歷史、文化，就是不斷地在「承先啟後」，我們運用先聖先賢的智慧而走出新的路來，特別是做為一個佛教徒，如果說拋開佛及祖師們的智慧，全由自己開創，那便是新興宗教而不是佛教了。我曾經在二〇〇四年九月為常住大眾上四堂課，我講的是佛教，發展的佛教，中國的佛教，也就是漢傳的佛教，漢傳佛教之中的禪佛教，然後從法鼓山的禪佛教跟世界接軌，被世界的佛教接受，成為未來世界整體佛教中的一大主流。

釋迦牟尼佛時代之後，漸漸成為發展的佛教，在印度成為小乘阿毘達磨的、大乘中觀的、唯識的、如來藏的，然後輸出到南方成為南傳佛教，到漢地成為漢傳佛教，到藏地成為藏傳佛教。漢傳佛教又發展出十大宗或八大宗，禪宗便是其中之一。其實禪宗也在不斷地發展變化，可是在發展變化之中，不會放棄釋迦牟尼佛的根本原則。那便是《緣起經》以及《稻稈經》等所講的：「見緣起即見法，見法即見佛。」也就是說，發展佛教的各系各宗，都是從緣起思想開展出來的，見緣起法即是悟道，悟道即等於見到了佛。為什麼有發展的佛教？是因佛教從印度恆河流域傳到南方及北方，傳到漢地及藏地，接受到當時當地的文化背景的刺激，以及因應當時當地社會的需求而發展出來的。本來的佛法，並沒有大乘、小乘之分，可是到後來就發展成為部派佛教及大乘佛教。

漢傳佛教是不是脫離了印度佛教？不是！漢傳佛教是依據印度的大、小乘佛教發展出來的。但是，中國這個漢民族，乃至今天這個世界的大多數人也是一樣，對於如來藏佛教思想是比較容易接受的。對於中觀、唯識，那是較偏於學問的、思辨的佛教，而不容易成為普遍信仰和實踐的佛教。如來藏的信仰是怎麼出現的？在《楞伽經》裡就是這樣講的，大慧菩薩問：「云何世尊，同外道說，我

（佛）言有如來藏耶？」佛說：「大慧！未來現在，菩薩摩訶薩，不應作我見計著，……開引計我諸外道故，說如來藏，令離不實我見妄想，入三解脫門境界。」佛的意思，如來藏是對計我外道的方便說，使外道們認為如來藏好像跟他們所執的神我一樣，而來接受佛法，然後轉變他們，進入佛門以後，就告訴他這是無我如來藏、是空如來藏。

漢傳佛教在隋、唐時代的鼎盛期，沒有什麼如來藏與神我的問題，大家都是信心十足；到了宋、明以後，就被儒家的學者們長期攻擊，佛教漸漸衰微，研究佛學的人稀少，實踐佛法的人寥落，留下僧尼及寺院的空殼子，便與俗化的民間迷信合流了。因此，印順長老有一本書，那是檢討中國佛教的。那也是我從小就講的：「佛教這麼好，知道的人這麼少，誤解的人這麼多。」漢傳佛教的現象，被人指責；漢傳佛教的智慧，被人忽略，都是誤解了漢傳佛教，以致有不少人對漢傳佛教的義理及實踐不能生起信心。

印度佛教傳到了漢地，就是漢傳佛教，由於漢地的本土文化主要是以道家及儒家為背景，中、印兩股文化的互相激盪，儒家產生了宋明理學，佛教產生了以如來藏思想為主流的各大宗派，禪佛教則是帶有漢傳諸宗之長，並且加以素樸化及生活化了的集大成者。漢傳佛教諸宗的諸大師們，是用儒、道二家做為營養和工具，而把印度的佛教在漢地蓬勃發展開來，形成本土的漢傳佛教。

我們大家必須在承先啟後的原則下，將漢傳佛教建立為法鼓山的主體，我們是承繼中國大陸的禪宗，但已不是十九世紀中國大陸那樣的禪宗。那時的中國禪宗，是山林式的，尚沒有接觸到南傳及藏傳佛教的優良面及實用面，但是我接觸到了，同時我也接觸到了韓國、日本，乃至越南的禪佛教。我把這些新見聞，運用在傳統的禪法之中，故當禪修者初用話頭不得力時，可以用呼吸法、可以禮拜、可以經行、可以念佛等等方法做輔助。還有，默照禪在中國已經失傳八百多年，但是，我在日本曹洞宗的禪堂看到，我也參加了他們稱為「只管打坐」的修行，實則便是默照禪的別名。我到美國後也接觸到南傳的內觀禪。我把它們分析整合起來，便是法鼓山所傳的中華禪法。同時我在閉關修行的時候，用的即是類似於默照禪。因此我把話頭禪及默照禪整理之後，便在頓中開出次第化的漸修法門，是任何根器的人都適合用來起信實修的好方法。在修證過程中，我也標明了從淺至深的四個階次，那便是散亂心、集中心、統一心、無心，每一階次各有修行及進階修行的方法。這是經過我幾十年的練習整理以後，把漢傳佛教的禪法重新發揚光大的。

有人懷疑禪法的修行者是否會排斥淨土念佛？對我們法鼓山而言，這是多餘的疑慮，因為我是非常重視淨土念佛的，而我自己也是經常勸人念佛，也出版過幾本宣揚淨土念佛的書；我們打禪七，也打佛七，且有念佛的禪七，我們已將念佛法門收攝到禪修法門中。也許有個別的禪宗人士不念佛，法鼓山的禪佛教，則主張有四種淨土：人間淨土、天國淨土、他方佛國淨土、自心淨土（自性淨土），怎麼會懷疑我們排斥淨土念佛呢？

我們法鼓山之所以有法鼓山，實際上是跟東初老人有關係，他的遺囑交代我，希望我找一塊山坡地來辦佛教教育，這份遺囑現在還在，請查看我的〈師恩難報〉這篇文章。不過我的原則是：老和尚留下來的人我不敢動，老和尚留下來的錢我不敢動，老和尚留下來的土地、房產我絕對保護它，但是，老和尚的遺志我盡力而為。我就在篳路藍縷之中，發願要辦學，最初是辦了中華佛學研究所。東初老和尚的遺願，也是我自己的主張：「今日不辦教育，佛教便沒有明天。」可是興辦佛學研究所我有我的理想，我沒有用研究所的同學做為我的儀仗隊，沒有用研究所的同學來替我募款，沒有運用研究所的同學替我做佛事、應酬信徒。其實如果學生不為辦學的常住服務，常住怎能維持？辦學的經費從何處來？但是我堅持要給研究所的同學、老師，好好讀書，好好教書，寧可我去向信施哀求，也不要麻煩他們。這個呢，我是對的，但好像也是錯的，這樣一來，研究所的同學、老師，跟我們的常住大眾幾乎是脫節的。對我而言，這是非常艱苦的事，但是我要感謝一直追隨我的僧團大眾，協助、支持我辦研究所已二十多年，為寺院提供各種各樣的服務，特別是在建設法鼓山的過程中，我們僧團大眾的每一位，都為我負擔了各部分的工作。我又要因此而在這裡感謝我們的僧團大眾及十方信施，由於我們的研究所辦得不錯，聲譽很好，就有了法鼓山這個世界佛教教育園區出現了。

我們山上，現在看起來好像已經不錯了，但是自從有了這塊山坡地以來，今年是第十七年了，我每天都好像是坐在一只火鍋上面，不管人在國內或國外，經常有問題找到我，而且還不能光等待問題來找我，我必須不斷地思考著，會有哪些問題不要讓它出現。我又得不斷地思考著，要開創出哪些新局面，如果不開創，我們就落伍，社會大眾就不睬我們了。

現在的法鼓山看來是不錯，長得很自然，很高雅素樸。可是，從布局、設計、施工、選建材到完成，每一個階段，都得花上大量的心血。為了堅持「本來面目」的環保理念，問了許多人，走了許多國家，看了許多古今東、西方的大建築物，讀了許多與古建築相關的書刊。結果在施工到驗收過程中，往往還會弄得七零八落。於是請來專家指導，進行第二次施工。特別是幾棟主體建築，例如第一演講廳、禪堂、國際會議廳，前後找了多位設計師，他們慢慢地配合著我的想法後就做出來了。

經過十六年，從整地、地下工程、地上建築到竣工為止，我是經常要與工程人員開會討論的。最後總計完成二萬五千坪（八萬多平方公尺）的樓地板面積建築物，包括：教育行政大樓、圖資館、國際會議廳、大殿、副殿、開山紀念館、接待大廳、合署大辦公室、兩大齋堂、大廚房、國際宴會廳、禪堂、男女眾宿舍、教職員貴賓研究生宿舍，還加上兩口地下化的儲水槽。

山上已完成及將完成的景觀周邊工程，除了由淡金公路入山的聯外道路，園區主道路有法印路及曹源路，支道路有雙環路、直心路、資糧路等；公園有男寮、女寮、禪堂、教職員宿舍、開山觀音、祈願觀音、來迎觀音、法華鐘、三門大石等九座。另有朝山步道七條，包括臨龍溪東、西兩側的溪濱步道、生命公園銜接藥師古佛的環山步道、法華公園步道、祈願觀音公園步道、開山觀音公園步道、木棧步道，還有各建築群之間的連廊三條。全山主要溪流已整治的有三條，那便是法印溪及曹源溪，到三門匯集合流進入龍溪。

未來的法鼓山，除了現有的中華佛學研究所，還有法鼓佛教研修學院、法鼓人文社會學院、僧伽大學，最後發展成為法鼓大學。

今後的佛教研修學院，雖像佛研所一樣，分有印度、漢傳、藏傳三組，但是出家人、學生的生活管理及生活方式，必須是漢傳佛教的。在我們同一個山上，如果分成不同的生活規範或者生活的管理法，那將來會很麻煩。譬如飲食，南傳和藏傳的如果要求吃葷，我們要絕對禁止。如果在我們的宗教研修學院裡面分成印、漢、藏三系，要設兩個廚房，一個廚房供素食，一個廚房供葷食，會對信眾沒有辦法交代。法鼓山是由漢傳佛教的僧團經營，我們的信眾主要也是支持漢傳佛教，我們可以接受南傳、藏傳佛教的人士來修學，但其生活的管理方式一定得接受漢傳禪佛教的，此事在法鼓山上，必須永久堅持。

以下是叮嚀：山上的每一項硬軟體設施、房屋建設、空間用途、道路配置、景觀設計等，都是經我及十方護法大德們費盡心血奉獻出來的，既然承先啟後，法鼓山的子孫，可以在此基礎上做得更完美、更好用，切不可為了表現個人的聰明意願，便廢掉了既有的，改變成自己想要的。那是否定傳承，而非承先啟後了。

（二〇〇六年二月二十一日，講於「僧活營」，原收錄於結緣書《承先啟後的中華禪法鼓宗》）

中華禪法鼓宗

宗教↓佛教↓漢傳佛教↓禪佛教

一、法鼓山禪佛教的宗教師

這次要講的主題是「宗教裡的佛教，佛教裡的漢傳佛教，漢傳佛教裡的禪佛教，禪佛教裡現代法鼓山弘揚的禪佛教」，以及如何從法鼓山所弘揚的禪佛教，而跟今天世界的佛教、未來整體的佛教相互接軌。

我希望我們的常住眾能夠有一個共識，這個共識是什麼？「我們是宗教師」，即佛教的宗教師，漢傳佛教的宗教師，漢傳禪佛教的宗教師，漢傳禪佛教裡法鼓山禪佛教的宗教師。

(一)法鼓山的宗教師是做什麼的

法鼓山禪佛教的宗教師是做什麼的？是要實踐及傳揚漢傳佛教裡的禪佛教，而與現在的以及未來的世界佛教接軌，從而貢獻漢傳佛教，協助全球人類，不論是不是願成為佛教徒，卻都願意接受此非常實用、活用的生活智慧。目前我在東、西方社會，已經做著這項工作，而且效果良好，因此這是我們的責任，我們必須培養共識。

因為我發現，我們的常住大眾對於我們的定位不清楚，對於我們教團的過去不了解，對於我們現在的處境不明白，對於我們未來的方向目標不確定，這是非常危險的。由於這樣的不清楚和模糊，甚至於覺得徬徨。如果大家缺乏共同的立足點，沒有群體的使命感，那對我們的漢傳佛教、對我們的團體及個人，都是一個很大的危機！

既然已來出家，既然已選擇了法鼓山來出家，既然是依止在法鼓山世界佛教教育園區受教育，就要對自己的定位、自己的立場、自己的使命要很清楚，否則，我們隨時隨地都可能因了個人的名聞利養而轉換軌道，隨時隨地就迷失生命的方向，拋下教團的責任。

(二)世界傳統宗教的現況

現在我要跟諸位報告一個數字。諸位知道今天這個世界有多少佛教徒嗎?諸位知道傳統的宗教有哪幾種?今天全世界的佛教徒以及漢傳的佛教徒有多少?我在這裡向諸位約略地介紹一下。

世界性的傳統宗教據說有十種,但以少數人的宗教占多數。多數人的宗教,首先是天主教,包括:東正教(舊教)、基督教(新教),加起來約有二十億人口;其次是伊斯蘭教約九億到十億人口,印度教約三億到四億人口,佛教徒則不到三億人口。

佛教徒主要分布在哪裡呢?分布在印度、西藏、蒙古、尼泊爾地區的,多數為信仰藏傳佛教的佛教徒,他們在全世界加起來只有六百萬人。在泰國,百分之九十八是佛教徒,另外百分之二是基督徒及穆斯林。在斯里蘭卡，佛教徒的人口少於基督徒；這聽起來滿奇怪的，當地應該佛教徒居多數，但比例上佛教徒是少的，基督徒反而多一些。再看越南的情形，也是天主教徒多於佛教徒。比例上佛教徒較多的是柬埔寨和緬甸，很可惜都是很小的國家，人口有限。韓國的基督徒多於佛教徒。日本看起來佛教徒很多，寺廟和宗派不少，可是絕對多數人是神道教而不是佛教；神道教是根深柢固的民族宗教，因此，日本雖有很多的佛教大學和佛教徒，但其多數人口是神道教徒。

我們也來看一看中國大陸的情形。在中國大陸，正信的三寶弟子不會有多少人。真正佛教徒的意思是受過三皈五戒的人；到各個寺院去燒香、求籤是民間信仰，不一定是佛教徒。我到大陸訪問的時候，凡是人山人海之處，一般民眾對出家人是不會恭敬的，他們不知道出家人有何用處。譬如我到了某某名山，有大和尚陪著我在山上參觀，但是一路上遇到的遊客，沒有人認識這個大和尚，他們不會在乎他是誰，也不會在乎我是誰，他們的目的是在那裡拜拜、燒香、旅遊。像這些人不能算是正信的三寶弟子。

現在漢傳佛教存在真正的三寶弟子，以人口比例來說，是以臺灣最高。就是臺灣全部人口都變成佛教徒，也僅是二千三百萬人。你們猜猜今天臺灣的佛教徒有多少？有一份資料是《人間福報》在二〇〇四年九月十五日的報導：根據內政部的一項統計，到二〇〇三年年底為止，臺、澎、金、馬地區總共有一萬一千四百六十八座寺廟，信徒總人數達九十八萬人。這真是不可思議的統計！為什麼？

（三）漢傳佛教的危機

因為像我們法鼓山，並不是一座寺廟，農禪寺雖是寺廟型態，但是我們的信徒人數登記不多；又譬如齋明寺、紫雲寺，信徒登記的人數也很少。此外，臺灣佛教界幾個大團體也都不是寺廟，而是宗教法人團體，稱為某某佛教基金會，這些怎麼統計呢？再者，所謂寺廟也包括一貫道、道教在內，其中又以道教居多，占百分之七十八點四，佛教其次，占十九點九一。在比例上，佛教的寺院與道教的民間信仰仍相距懸殊，因此佛教徒究竟有多少呢？

我們法鼓山這個團體，凡是曾經護持我們，有過一次捐款的人，便視作我們的信徒，目前約有五十五萬人，但其中在我們道場皈依三寶的不到二十萬人。我們這個團體已經是不錯了，那些捐款給我們的信眾之中，有的已在其他道場皈依，有的沒有皈依。因此，我們聽到某某團體已有信眾一百萬人，某某團體有四百到五百萬人，這些數字我是相信的，但不都是受了三皈五戒的正信三寶弟子！

再就出家人來講，臺灣每年的齋僧大會，北、中、南都會辦，有的齋僧大會到了四、五千人應供，南部四、五千人，北部、中部也各有四、五千人，全臺加起來有一萬五千人。我虔誠祈禱，這些趕齋的僧尼都成為龍象人才的宗教師。我在世界各地行腳，也經常參與各宗教之間的會議，我所看到的佛教宗教師非常之少，漢傳佛教的華僧更少，反而是南傳、藏傳、日本、韓國和越南的出家眾都比我們多些，其中的原因值得我們省思。

從世界各國及各大宗教的角度來看，漢傳佛教的危機是非常重的。但是，我們卻有不少的出家眾認為，漢傳佛教已經沒有希望了，最好趕快去學藏傳佛教、趕快去學南傳佛教，最好是做喇嘛，或者是到南傳佛教重新受比丘戒！試問這樣一來，漢傳佛教還有前途和未來嗎？雖然我曾經講過：「佛教都是一樣的，南傳也好，藏傳也好，只要它們存在，縱使漢傳佛教不存在了，佛教還是住世的。」但是我講這話的時候，內心是很沉痛的。

漢語系的漢傳佛教是大乘佛教的第二祖國、第二母系，韓國、日本、越南以及東南亞的香港、新加坡、馬來西亞、菲律賓，甚至於包括印尼的佛教，都是從漢傳佛教發展出去的，如果我們母系的佛教很衰微，至少也會影響華人海外佛教的前途。

漢傳佛教的智慧、漢傳佛教的功能、漢傳佛教的性質，是最具包容性與消融性的，它賦予了佛教積極住世、化世的精神，所以現在提倡「人間佛教」的，主要是包括中國大陸在內的漢傳佛教。這點請諸位認清楚，希望大家對漢傳佛教有信心。

然而漢傳佛教之中，只有禪宗最具有持續、普及性的教團和教化功能，其他諸宗多半不具備這一特質，此在藏傳及日本等國的佛教則不成問題。因為他們的寺院有派內的延續和傳承，不會由於住持的更換，連宗派的歸屬也跟著換。對這一點，漢傳佛教寺院的穩定性相當脆弱，所以必須特別小心。

二、佛教與宗教

（一）宗教的功能

宗教的功能是什麼？宗教的功能是屬於信仰的層次，讓人在徬徨無依、無可奈何的狀況下有希望，在茫然不知所以的生活之中有未來感；對於生活中無法解決的問題，非知識學問所能解決的問題，世界上常常會發生，生活裡常常會遇到，只有去尋求宗教的信仰來幫助人們，讓人們身心能夠得到安定，社會得到和諧。因此，宗教是安定人心、安定社會的一種信仰和力量。

其次是對於我們心外、身外的自然環境，以及過去、現在或者生前、死後的問題，即「究竟我是誰」的探索。在這方面，如果有深刻的宗教信仰，便不會有問題；一個人若能在宗教上得到答案，就會覺得生活有意義，生命有方向。

因此，不論民間宗教、原始部落的宗教，或者是傳統的世界性大宗教，多多少少都會有這種功能。佛教也有這種功能，例如有人害病的時候、遇到災難的時候，我常勸人念觀世音菩薩，也有人念地藏王菩薩、阿彌陀佛、藥師佛等，或者為了求智慧而念文殊菩薩，凡是有所求的信仰和現象，全都是宗教信仰的層次。所以，佛教也是宗教的一種，信仰佛教也能夠達成宗教的功能、效果和利益。因此我說，佛教的出家眾就是佛教的宗教師。

(二)佛教與一般宗教的不同

佛教與一般宗教有何不同？佛教與一般宗教之間，既有共同處，也有差異處。

佛教的特色，從宗教信仰的層次來講，可以是他力的，也可以是自力的。如龍樹菩薩在《十住毘婆沙論》中提到的易行道和難行道。易行道重於他力，主要是仗著阿彌陀佛的願力救拔，配合自己的信、願、行而往生淨土；難行道則重自力，以自己的力量修持六度萬行，其間歷經三大阿僧祇劫而達到福慧圓滿的佛果。然而凡是神教信仰，不論多神教也好，一神教也好，都是重視他力的，主張人不能成神，更不能超越神；人只能接受神的愛而被救濟上生天國，被召回神的國度。

佛教在易行道的他力救濟之外，尤其重視個人的自力修行，即是各種道品次第的修持，能有多少工夫就有多少成就。佛教徒之所以稱其他宗教為「外道」，指的便是向自心之外求道。

在修行佛法的過程中，如果對自己的信心不夠，祈求佛菩薩的接引到佛國淨土，這是他力救濟，這也很好，在漢傳佛教之中，修行念佛法門的人特別多。至於求生西方淨土，算不算是外道？當然不是，淨土法門是一種過程，到了佛國淨土之後，還是繼續在修行，直到見佛聞法，悟得無生法忍，證入不生不滅的空性，這在外道是不會有的；而且解脫之後，依舊倒駕慈航，還入娑婆，廣度眾生，那便與自力的難行道殊途同歸了。

佛教最重要的特色是「緣起」，它的內容是四聖諦、十二因緣。四聖諦就是苦、苦集、苦滅、滅苦之道。苦是結果，苦集是因素，苦滅也是結果，滅苦之道則是滅苦的因素，這就是因果。苦集與苦是生死流轉的因果關係，滅苦之道與苦滅是生死還滅的因果關係。生死的因果是十二因緣，十二因緣從無明、行、識、名色、六入、觸、受、愛、取、有、生、老死，實際上就是苦和苦集。如果修道就能夠斷無明，無明滅以後，行滅；行滅以後，識滅；識滅以後，名色滅；名色滅以後，六入滅；六入滅以後，觸滅；然後，受滅、愛滅、取滅、有滅、生滅、老死滅，就是十二因緣的還滅，也就是修八正道或三十七道品而斷苦的因緣。這是佛法根本的教義，叫作因果因緣。十二因緣的兩重因果，一重是流轉的因果，另一重是還滅的因果，即緣起和緣滅。

（三）佛教的發展與流布

佛教從釋迦牟尼佛開始，佛世叫作「根本佛教」，佛滅後至百年叫作「原始佛教」；也有人合稱前兩者為「原始佛教」，乃是教人如何實踐佛法的一個團體。佛教和其他宗教的不同，主要是宣揚佛所說的四聖諦、十二因緣法和因果法。

修道是滅苦的方法，修道的內容則是修道品次第的八正道，可歸納為「戒、定、慧」三無漏學。要得無漏的解脫，就要修八正道，這是根本佛教，然後根據戒、定、慧而發展。然因佛陀的弟子們沒辦法全然普遍地做得一樣好，所以漸漸地有人特別重視於戒，有的特別重視於定，有的特別重視於慧，對戒、定、慧產生輕重之偏，慢慢地發展成每一個大弟子都有他們的特色。如目犍連是神通，阿難是多聞，舍利弗是智慧，須菩提是解空，摩訶迦葉是頭陀，還有議論特長的摩訶迦旃延。這就是說佛陀當時的弟子們，各有一群一群的弟子。經過一、兩百年發展，解釋的角度漸漸地多出來，還有隨著佛法的傳播到不同地區，漸漸地也根據各地的風俗、語言、習慣及宗教文化背景的需求，因而逐漸形成了各個部派。

首先出現了根本分裂，分為「上座部」及「大眾部」，之後兩大部又出現多次的枝末分裂。相對於根本佛教或原始佛教，稱之為「部派佛教」；又相對於後來的大乘佛教，稱之為「小乘佛教」。其中從上座部分出的說一切有部，自中印度繼續往西北印度發展，先後完成了以「阿毘達磨」為名的許多論書。此部派的思想，和後來的小乘《俱舍論》以及大乘瑜伽行唯識學派的思想有密切關係。

初期大乘的般若空性思想，好像是從印度南方發展出來的，而且和大眾部思想有密切的關係，但是尚無明確的證據。目前可以確定的是生於二世紀的龍樹菩薩，的確曾弘化於南印度。他所著的《中論》等多部論書以闡明般若的空義為主，基於緣起及二諦的立場，在部派分立之際，積極弘揚大乘空性思想。後人稱龍樹及其弟子提婆一系的思想為中觀學派。

較龍樹、提婆為晚的無著、世親，是四世紀末至五世紀的人，世親受到其兄無著的感召，捨小乘揚大乘，此系以《解深密經》等經論為基礎，開展出瑜伽行唯識學派，弘揚強調緣起自相有的唯識思想。

至於大乘的「如來藏」思想是從哪裡來的？這似乎是在「空」、「有」兩種思想之間的調和。中觀思想偏重於「空」，唯識思想偏重於「有」，如來藏思想則是兩邊都講，所以有「空如來藏」和「不空如來藏」。

以上三大思想體系，實際上都是從十二因緣發展出來的，緣起論可以說是大、小乘佛教的核心。

佛教可以分為原始的根本佛教、發展的部派佛教，以及適應時空的大乘佛教。大乘佛教在印度發展到末期，就是大乘密教。因此中國佛教的經典，是以部派佛教所傳的四《阿含經》以及各部的律、論，這是基礎的部派佛教；同時也把大乘佛教初、中期的「中觀」、「唯識」、「如來藏」的思想陸陸續續地從印度、西域傳到中國。晚期的大乘密教傳到中國的，是以唐朝開元三大士為主流，弘傳未久便在中國中斷；而到了日本，空海所傳之密教，因以「東寺」為根本道場，故稱「東密」，以別於天台宗最澄所傳的「台密」。西藏的藏傳佛教，原則上是由印度傳入的大乘密教；藏傳佛教之所以要說勝於漢傳佛教，因為他們認為顯教的大、小諸乘是共法，密乘是不共大乘的最上乘法。

佛教的向外發展，其中有一部分傳向南方，譬如：斯里蘭卡、緬甸、泰國，以及東南亞幾個國家。這些地區的佛教，都稱自己屬於上座部佛教。事實上，上座部有一支是向西北方傳，成為「有部」，向南方傳的叫「分別說系」。當上座部「分別說系」的部派佛教到了南方，產生的變化不多。一位出生於印度的大師佛音（或譯「覺音」），寫了一本著名的《清淨道論》，乃是南傳部派佛教的論書中最重要的一部，在漢傳佛教裡也有兩種譯本，一是宋朝時的翻譯，一是民國時期的譯本，這兩種譯本目前臺灣都有。南方的佛教並沒有像北傳佛教出了很多的大論師和大思想家，因此漢傳佛教的聖典要比南傳巴利藏來得多；《大正藏》的前五十五巨冊，其中包含中國人和印度人的著作。南傳的著作少，有名的論師也不多，至今還保存著印度部派佛教的風格。

藏傳佛教比漢傳佛教優勝的部分，除了邏輯學及中觀、現觀，主要是受印度教怛特羅的影響，因此有將此時期的印度佛教稱為「怛特羅乘」或「密乘」、「金剛乘」，已經不是純粹的印度初、中期的大乘佛教。晚期印度佛教的勢力範圍，被復興以後的印度教逼到南方的一個區域流傳，佛教為了求生存，也不得不適應印度教、適應印度人的需求，所以就密教化了，這對於漢傳佛教、漢文化的環境來講是比較陌生的。而漢傳佛教傳譯了大量的阿毘曇部及律藏的四律五論，卻多是藏傳佛教所未傳的。

元朝時代，藏傳佛教經由蒙古人統治中國而傳到漢地；明朝的時候，藏地的佛教也漸漸地傳到漢地；清朝的時候，原則上滿清政府的皇帝信的是密教，因此在漢地，喇嘛教多半是蒙古族及滿族人在信仰，由於政治上的影響，漢人之中也有一些信仰者，然影響不大。這是因為漢民族的儒家思想，是以人為本位，而不是以天、神為本位的。因此在漢文化的社會裡，藏傳的密教一次一次地進來，總是無法與漢文化結合。

三、漢傳佛教的特色

漢傳佛教的特色，在於使大乘的佛法跟中國的儒、道思想能夠互動，因此上一代的佛教大善知識們，主張以佛學為基礎，以儒、道二學為輔助，也就是要精通儒、釋、道三教（雖然儒家和道家的基本教義派永遠是排斥佛教的），就能夠使佛法為中國人所接受。

儒家是入世的，以人為本的；道家是出世的，以煉仙、長壽、長生不老為目標；佛教的小乘是以出世（解脫）為根本，大乘佛教則是以救世為根本，嚴淨國土，成熟有情，以淨化社會、淨化人心的菩薩道來普度眾生。

（一）大乘佛法的極致發揮

中國佛教是把大乘佛法做了極致的發揮，菩薩乘的基礎，必須具備人天的善法，也必須具備修行解脫的法門。人天的善法，即五戒十善，大家很容易懂，大乘佛教講的解脫，跟小乘相同的是同出三界生死，不同的是「即生死而出生死」，也就是禪宗《六祖壇經》所說的：「佛法在世間，不離世間覺。」因此，菩薩的意思是

「覺有情」，自覺覺他，又叫作「大道心眾生」。菩薩是要求自己覺悟，同時也要幫助他人覺悟。這個覺悟是知道煩惱是什麼，知道生死是什麼，而鼓勵眾生不要貪戀生死，亦不畏懼生死，不要被這兩重煩惱所困擾，這就是大乘菩薩的解脫，也就是漢傳大乘佛教的特色，而與小乘以出離三界生死的解脫很不相同。

根本的佛法講，聲聞解脫是三生六十劫，辟支佛是四生一百劫，成佛是三大阿僧祇劫。漢傳佛教裡的禪宗和其他各宗也都講成佛，但成佛不是那麼簡單的。佛經告訴我們，賢劫一共有千佛，釋迦牟尼佛是第四尊佛，彌勒佛第五，今後要經過許久許久，彌勒菩薩才下生人間成佛，在龍華三會度眾生。藏傳說的「即身成佛」，那是通過上師加持，修行相應法，成就了與其本尊悲智相應的功德。中國禪宗也講「明心見性」、「見性成佛」，那是親自體驗到了與三世諸佛一般無二的佛。漢傳佛教被否定的原因，是因近代漢傳佛教培養專精於漢傳的人才太少，解行並重的人、真修實悟的人不多見。因為深入漢傳佛教而能有修有證者不多，自我否定的漢人佛教徒就多了。將來我們法鼓山的僧俗四眾，會不斷地接觸到南傳和藏傳的高層僧侶，一看他們會講、會說、會告訴你怎麼修行，修行什麼法門有什麼好處、什麼成就，就會覺得他們很好。如果我們對漢傳佛教都不會講、不懂得如何修行、不清楚漢傳佛教的立足點，當然就會跟著人家走了。這麼一來，毋須多久，法鼓山就可能變成世界諸宗共住的佛教園區。那似乎也很好，往好的方向瞻望，可能成為佛教諸宗研究的重鎮，像當年印度的那爛陀寺有中觀與唯識競美，法鼓山則印度佛學系及藏傳佛學系興盛；可哀的是，漢語系的漢傳佛教變成旁落而衰微，又豈是世界佛教的好消息？尤其嚴重的是，漢傳佛教被置於修學的中心之外，人間性、生活化的禪佛教，也將會在法鼓山的教團中隱退，這絕對是世界佛教的大損失！所以我要再三強調，我們的教團必須站穩漢傳禪佛教的立場，否則世人要學漢傳佛教，只有去日本及越南，或要寄望於中國大陸了。

我也必須在此聲明，我絕對是以印度佛教為依歸的，我寫《正信的佛教》，是以《阿含經》為準則，我在臺灣及美國亦開講過數次《中觀論》及《成唯識論》，並且也出版了《探索識界——八識規矩頌講記》，在佛教的法義方面為我增長了廣度與深度。所以，我從佛法的普及信仰和生活化的實踐面、適應面著眼，要承先啟後大力維護闡揚漢傳的禪佛教，並不表示是反對其他各系佛教的。

(二)大乘八宗

中國從南北朝隋唐時代開始，陸陸續續成立了八個大乘宗派，分別是：三論宗、淨土宗、天台宗、唯識宗、華嚴宗、律宗、禪宗和密宗。其中，三論宗和唯識宗的思想，偏重於印度哲學，三論宗偏於中觀，唯識宗（法相宗）偏於瑜伽；三論宗帶有一點中國的味道，唯識宗幾乎沒有中國的東西，乃是偏重於學問的，而較少發展教團組織的信仰與實踐。密宗也偏於印度的，故此三個宗派在中國傳了幾代就停頓了。律宗，有專門研究的人，卻沒有一個教團，也沒有多少專屬的寺院和群眾。實際上，中國的律宗自始就不是一個教團的派系，乃是研究四分律的學派，一共有南山、相部、東塔三派，而能夠被延續下來的只有「南山道宣」一派。後代對於戒律的研究，大概都是根據南山律來發揮的（請參閱拙著《戒律學綱要》）。

每一個出家人都要受戒，受戒時就是用南山律，因此在出家人之中也只有少數的律師研究南山律來傳戒、講律。到了明朝，律宗已經斷絕，蕅益大師對此著墨甚多。明末，寶華山系統的傳戒規範又復興了，我們現在受的戒就是這個系統傳下來的。它跟早期的南山律是不全一樣的，因為中國的律宗沒有一定的寺院，沒有一定的信眾群，雖有傳戒的寺院，未必就是律宗的教派。

天台宗，整合了印度大、小乘佛法，也契合了以《法華經》為根本教典和中國思想的特色，其傳承則是在智者大師之前已有了數代。據說龍樹菩薩是天台宗的始祖，後有慧文和慧思禪師，智者大師乃是第四代。在中國來講，智者大師是第三代，前有慧文、慧思，到了智者大師集其大成。日後，智者大師的學生章安禪師，把智者大師的講錄整理成為三大部，既是學問的、研究的，也是實修的。因此，天台宗具足了思想性的、組織性的、次第性的，不論教理及禪觀都有極其謹嚴的系統次第，但其派下學者漸漸地多重於教理的宣揚而少重於觀行的修證，故演變成了法義思想的佛教，因此沒有辦法成為普遍實踐的教團。所幸每一個時代總有幾位研究天台教學的學者，在努力於天台學的註釋及弘講，唯專屬寺院則非常地少。

華嚴宗，出現於天台宗之後，乃是根據《華嚴經》成立的宗派，其源頭也是印度的龍樹，並且跟唯識、天台、淨土都有關係，具組織性和思想性，而把如來藏的「法界觀」發揮到極峰的層次。但是在中國也沒能成為一個向民間普遍推廣的教團，只有學者們在研究、講解，卻沒有教團組織，其信眾少，正統華嚴宗的寺院也非常之少。因此，所謂漢傳佛教的學問化，固然有三論、天台、唯識、華嚴和律等諸宗，卻只有淨土的念佛及禪宗的「道在平常日用中」，是持久、普遍深入民間的。

不過，提起淨土宗，中國並沒有一個代代相承的淨土教派，不像日本各宗均有固定的寺院，尤其日本的淨土宗勢力非常堅強。日本的淨土宗是教團，創始祖是法然，而後由親鸞新創的淨土真宗，發展成為勢力龐大的教團，可以說擁有日本佛教一半的信眾。在中國，淨土宗的寺院很少，我們所看到的淨土宗，都是某個時代某個寺院出了一位倡導念佛的大師，於是該寺院便在那時代成為淨土宗的寺院，然而時日一久，也可能轉成禪宗道場，故亦沒有代代相傳。日本的淨土宗寺院則不會因時而異，它一定是一代一代的脈絡相承。

關於淨土宗的發展，日本學者主張，淨土宗是從中國的善導大師開始的，但是中國的蓮宗學者認為是從廬山慧遠大師結蓮社念佛開始，故推慧遠為蓮宗初祖，近世的印光大師則被尊為淨土宗第十三代祖師。從東晉至民國的一千五百年之間，淨土宗只有十三位祖師，可見不是代代相承，而且這十三位祖師，彼此之間並不一定有直接關係。譬如明末蕅益大師之後，一下子就接到了清朝的紅螺（徹悟）大師，接著便是民國的印光大師。其實這都是出於後世學者做的排序，而且，不同的學者尚有不同的排法。這就表示，淨土宗在中國，雖然擁有許多修行淨土法門的人，卻沒有屬於淨土宗傳世不絕的脈絡與教團。

在漢傳佛教之中，擁有僧團和眾多的寺院，而且重視法脈代代傳承的，唯有禪宗。事實上，禪定是大、小三乘的共軌，淨土是大乘諸宗所同歸，淨土皆是諸佛菩薩發的本願所成，願度眾生，就必須要建設淨土，在嚴淨國土的過程中度眾生，在度眾生的過程中嚴淨國土，那個國土就是淨土，所以不是唯有西方的彌陀淨土才算淨土。也不是唯有淨土宗的人才念佛，事實上大乘諸宗都念佛、都信有淨土，禪宗也念佛、也信有淨土。而禪宗是法脈未斷、寺院處處的唯一例外。

(三)融合諸宗精華的禪宗

中國漢傳佛教的特色，就是完成於中唐，迄今依舊遍及全國的禪宗。

中國佛教一講到禪宗，大概就是包含了一切宗派。在禪宗的寺院裡，有的研究華嚴、天台，有的研究唯識、三論，也有人研究律，而且禪寺裡絕多數人也是念佛的，以致有參「念佛是誰」的公案話頭。禪宗的寺院也容納了真言密咒，禪寺常持誦的有：〈尊勝咒〉、〈楞嚴咒〉、〈大悲咒〉、十小咒等。因此可說，禪宗乃是成熟而實用化了中國大乘諸宗的精華，也涵蓋了中國大乘諸宗的長處、用處。

太虛大師站在中國漢傳佛教的立場，把佛法根據八宗而歸納為三大系：「法性空慧宗」、「法相唯識宗」和「法界圓覺宗」。「法性空慧宗」指的是三論宗，由吉藏大師完成；「法相唯識宗」指的是唯識宗，由玄奘、窺基大師完成；「法界圓覺宗」是指法性、法相兩宗以外，其餘六宗皆是法界圓覺。在太虛大師的著作裡，分量最多的即是法界圓覺宗，他個人也是偏重法界圓覺宗的。

印順長老提出的印度大乘佛法三大系，則與太虛大師的漢傳佛教三大系有些不同。他講的三大系，即「性空唯名」、「虛妄唯識」和「真常唯心」。「真常唯心」是如來藏系的經論，意思是真如、如來藏、佛性、法界、法性、實性、實相等，好像即是法界圓覺宗，但不盡相同；「虛妄唯識」是指彌勒、無著、世親的瑜伽學派；「性空唯名」是指龍樹、提婆、清辨、月稱等的中觀學派。

印順長老是依據經論思想而分析，不是以一宗一派做為歸類，他是回到印度佛教的源頭予以釐清，哪些屬於「真常唯心」，哪些屬於「虛妄唯識」，哪些屬於「性空唯名」。他把「性空唯名」做為大乘佛教的最根本，這跟印度《阿含經》的佛教思想是相通的；但是，印順長老並沒有就把《阿含經》當成最高的佛教，他以「性空唯名」的中觀大乘佛法為佛的本懷，這跟太虛大師的想法以「法界圓覺（如來藏）」的空有圓融為本懷是不同的。唯此兩位大師都是思想家，卻皆未能及身組成持續而普及的教團。我則參考了太虛大師及印順長老的偉大思想，站在現代人所見漢傳禪佛教的立足點上，希望把印度佛教的源頭以及南北傳諸宗的佛法做一些溝通，因為我所見、所知漢傳禪佛教的特色，就是釋迦牟尼佛化世的本懷。

四、漢傳禪佛教的範疇

（一）含攝整體的佛法

漢傳的禪佛教，並沒有一定的範圍。天台的《釋禪波羅蜜》

說，禪波羅蜜總攝一切波羅蜜，禪既是大、小三乘的共軌，漢傳的禪佛教便是含攝了整體的佛法。

我們知道，天台宗、華嚴宗的祖師們大都是禪師，律師們的持誦、禮拜、念佛、打坐，也都是禪定的工夫。要曉得戒、定、慧三學是分不開的。念佛的人，根據淨土經典《觀無量壽經》，觀想的「觀」就是禪，叫「禪觀」。此外，唯識宗的瑜伽師，就是禪師；中觀又叫空觀，空觀實際上是從十二因緣觀而來，是觀行，也是禪觀。密宗非常重視與本尊相應的觀行，離開相應不能叫作密，既然是相應就是瑜伽，也就是禪，可見任何一宗都是禪的內容了。

不知從何時起，有人將禪宗稱作「宗下」，法義之學的各宗稱為「教下」？其實天台宗主張教觀並行，禪宗雖云教外別傳，唯從《六祖壇經》就主張「宗通說亦通」的，《壇經》中引用了十來種經證，便是最好的例子（參閱拙作《禪與悟》之〈《六祖壇經》的思想〉，《法鼓全集》四之六）。所以「從禪（心）出教，藉教悟宗（心）」，是產生全體大、小乘佛法的共通因果。

例如釋迦牟尼佛在菩提樹下思惟的最後，即明心見性，明的是無我心，實際上無我心就是禪心、禪的宗旨。因為佛悟到無心之後，說出四諦、十二因緣、五蘊、十八界、六度、四攝、三法印、二諦、一乘等佛法，名之為「從禪出教」。「教」就是佛陀的言教、佛說的法，那是從禪修悟出來的。

然後，我們這些後知後覺的佛弟子們隨佛學法、修行禪觀，經過聞、思、修、證的過程所要達成的目標，是悟得自己的自性與三世諸佛的佛性無二無別，因為佛性即是無我的空，即是無心，即是禪心，這就叫作「藉教悟宗」。

因此，歷代的禪宗祖師雖唱不立文字，卻留下了大量語錄文獻，證明他們都是博通內外群書的大學問家，只是唯恐學禪人的執著文字而將心死在句下，故要訶斥那些只知尋文守墨的文字阿師。

從釋迦牟尼佛開始，禪法始終是一貫的，一直到現在為止，不論是大乘、小乘，都不離開禪法，只有深淺頓漸不同，沒有本質的差異，也就是悟得「無我心」。

漢傳的禪佛教，有廣大的包容性、持久的普及性和高度的適應，包容適應中國文化，普及於中國社會，也當能包容適應和普及於現代世界的多元宗教、多元文化，又能消化、融合多元文化而成為人間性的共同文化。

多年來的我，即以漢傳的禪佛教為背景，將禪佛教的觀念及方法，轉化成一個新名詞，叫作「心靈環保」，又以「心靈環保」為主軸，來推動「提昇人的品質，建設人間淨土」的理念，再以三大教育來達成此一理念的實現。所以發揚漢傳的禪佛教，乃是我們的命脈所繫。

(二)從人本的立場修解脫道

漢傳的佛教是重視於人文的，禪宗就是站在人的本位上修解脫道，來淨化人心、淨化社會，所以在漢民族的社會裡受到普遍歡迎而持久的盛行。其中有沒有怪力亂神、故弄玄虛？《大藏經．史傳部》裡便有一部《神僧傳》，有些修禪的人會現神通，而有神蹟，但是大善知識的禪師是不准玩神通的。《高僧傳》的神異僧之中，雖也有大禪師，但終不是禪師的常範。在禪宗的五家七宗之中，不管哪一家哪一宗，我們看到禪師多少都有神通、感應，但是不會表演和宣傳的。我編的《禪門驪珠集》裡也有幾位禪師曾有神異靈驗，但不是成為一位偉大禪師的必備條件和範例。由於外道也有神通，所以不是因有神通而能成為一代宗師、禪師的。

漢傳佛教的本質是人本的。可惜到了明末之後，因為當時部分禪師的腐敗，嘴上講公案、弄禪機、耍嘴皮，生活行為都不像是個比丘，致使明末四大師的憨山、紫柏、蓮池、蕅益都對當時禪宗的人士沒有好感，而持批評的態度。他們都是禪師，卻不承認自己是禪師。那不是禪宗不好，而是當時自詡為禪師的人，多半沒有真正實踐漢傳的禪法。但是，中國佛教的特色是屬於人間性的，以人為本位的，也可以說這是漢傳禪法的特色。目下臺灣宗教界，標榜是禪師的人也不少，正統佛教的及外道的都有，因此我在國際間是知名的禪師，在國內我則寧可被稱為法師。

五、法鼓山所弘揚的禪佛教

佛法的源頭是從釋迦牟尼佛而來，最基礎的聖典是《阿含經》；我們法鼓山的禪法是結合了《阿含經》，並且運用中國禪宗的特色，而貼切、適應著今天的時代環境，在態度上是開放的，在觀念和方法的立足點上，則本於中國的禪宗。

法鼓宗的漢傳禪法究竟是什麼？便是我經過數十年的熏聞、閱讀和實修，將佛教的來龍去脈釐清整合，其間陸續出了幾本書，如在《禪的體驗．禪的開示》分為四篇，第一篇是非常精要的基礎方法，並且有系統地介紹中國禪宗的傳承和禪宗歷代祖師最精彩的部分。這本書主要是根據日本駒澤大學忽滑谷快天教授的《中國禪宗思想史》，內容涵蓋了從印度禪到中國的禪宗；另有三篇是我的禪修指導開示。如果有興趣的話，尚可以參考《聖嚴法師教默照禪》以及英文版《牛的印跡》（*Hoofprint of the Ox*，中譯本由商周出版公司出版）。

我把漢傳禪法的臨濟及曹洞兩大宗，既分流又合用，也就是將大、小乘次第禪及頓悟禪，與話頭禪及默照禪會通，因應不同禪者的需要或不同時段狀況的需要，彈性教以適當的方法，以利安心。而其宗旨，則皆匯歸於話頭或默照的祖師禪，是跟平常人的現實生活密切結合的。在傳承之時，原則上兩脈並傳，亦可視因緣而傳其中的一脈。

立足於漢傳禪佛教的基礎上，不棄學術思想的研討，不被言教文字所困囿，活用印、漢、藏三大主流的各派佛學，才是無往而不利的，也是可以無遠弗屆的；又因我們承繼了中國禪宗臨濟及曹洞兩系的法脈，所以名之為「中華禪．法鼓宗」。

六、建立「法鼓宗」之原因與目的

提出法鼓宗的原因有二：

1. 因法鼓山的禪法，繼承了臨濟、曹洞兩大法脈的合流，所以必須重新立宗。指導學者，則仍可單傳一脈或兩脈並傳。而修學者若能於其中一流得力，則另一流亦必得力，所謂「一門通，門門通」。

2. 因法鼓山的禪法，是整合了印度及漢傳諸宗之同異點，並且參考現今流行於韓國、日本、越南的禪法，乃至南傳內觀法門、藏傳的次第修法，重新整理漢傳佛教的傳統禪法之後的再出發。因為是在承襲傳統禪法之外又有創新，所以必須重新立宗。

創新的內容，例如本書〈承先啟後〉一文中所說：將傳統的話頭和默照禪整理後，除了保持頓悟法門的特色，也在頓中開出次第化的漸修法門。並且將禪修過程由淺入深，分成四個階次：散亂心、集中心、統一心、無心，每個階次各有修行及進階修行的方法。

提出「法鼓宗」之目的有二：

1. 使禪佛教與義理之學互通。

2. 使禪佛教與世界佛教會通，並且接納發揮世界各系佛教之所長。

例如本文「三、漢傳佛教的特色‧（三）融合諸宗精華的禪宗」所說：「站在現代人所見漢傳禪佛教的立足點上，希望把印度佛教的源頭以及南北傳諸宗的佛法做一些溝通，因為我所見、所知漢傳禪佛教的特色，就是釋迦牟尼佛化世的本懷。」

再如本文「五、法鼓山所弘揚的禪佛教」：「立足於漢傳禪佛教的基礎上，不棄學術思想的研討，不被言教文字所困囿，活用印、漢、藏三大主流的各派佛學，才是無往而不利的，也是可以無遠弗屆的。」

所以，提出「法鼓宗」之目的，可說是為了期勉法鼓山的僧俗四眾，以復興「漢傳禪佛教」為己任，擔負起承先啟後的使命和責任，以利益普世的人間大眾。

七、問答

問：禪宗的禪是如來藏系統，見性之後有個東西在，這是流弊。師父以後要不要再講「如來藏」？修禪的人是否都該去念佛？

師：修禪的人不一定都要念佛去！明末因為禪宗的弊端很多，以致大師們不承認自己是禪師。蕅益大師本來是學禪的，後來棄禪而念佛去了。清朝時期的禪宗人士，大致上都會念佛，念佛之後參話頭，參「念佛是誰？」。

如來藏系統不一定有流弊，所謂流弊是說，有一樣東西叫作如來藏，很容易跟外道的神我混淆。如果對佛法的知見很清楚，就不會有問題；如果對佛法的知見不清楚，很容易出岔子，自己有一點小小的身心反應，就以為自己已經見到佛性了，其實可能只是光影門頭中的幻影、幻覺；最多是有統一心的經驗，便以為是與三世諸佛把臂同行了。

佛性無相，自性是空。若還有執著在，執著自己的經驗，很容易未證謂證，那就是執著如來藏而可能產生的流弊。但是如來藏本身並沒有問題，此請參考拙著《華嚴心詮——原人論考釋》第四章第五註「如來藏」條，有較詳細的說明。

問：禪宗的精華是人間性，因此未來禪宗開悟的機緣、機鋒的形式，還要不要沿用下去？這是讓人產生興趣的地方，也是讓人感到神祕的地方。

師：中唐到晚唐之間，禪宗的祖師們對修行相當有深度的人或者是根器特利的人就用機鋒。如果是剛開始學禪，既沒有工夫、根器又鈍的人，而套用過去人的語錄機鋒，那就像東施效顰、鸚鵡學人講話，完全沒有用處。機鋒本身不是問題，問題在於老師與弟子之間用之得當與否而已。

如果不用機鋒，就老老實實從基本的禪觀方法學起。天台止觀是可淺可深的，一般的中國禪者，若不從調五事及具五緣做起，便得有老師指導參究話頭，因此天台的教觀及華嚴的心境，是禪者必須借力的。可見不講「如來藏」的方便，漢傳禪法的無念、無住、無相是不易著力的。

中國禪法的發展也有幾個階段，請參考拙著《禪的體驗．禪的開示》。從達摩開始，進入純禪時代，在這之前，用的是禪數方法，近於禪定學，六祖惠能以下，則用禪機的禪學，唐末以後是綜合諸宗的雜修時代，南宋之世，禪宗中興，則出現了默照與公案話頭的禪風；禪宗之前的禪數方法是修九次第定的禪法，達摩二入的理入，及惠能的即定即慧，是頓悟禪（祖師禪）。其實此一頓悟禪，與天台《摩訶止觀》的「觀不思議境」相同。

問：請師父簡單地講解今天的主題「禪佛教」的定義和範圍？

師：廣義來講，所有的一切佛法都是禪佛教，「從禪出教，藉教悟宗」，所有的佛法都不離禪法；狹義來講，就是漢傳的禪宗佛教，禪宗雖含大、小諸宗的基礎及其精華，歸納起來就是法鼓宗的默照禪、話頭禪。

問：師父剛剛提到法鼓宗的禪是接續《阿含經》，又說我們所提倡的不是中國禪宗的禪，我想問的是：中國禪宗的禪是奠定在《般若經》的基礎上，《般若經》是否也是法鼓山的基礎之一，是不是我們只納入《阿含經》？

師：我沒有說我不提倡中國禪宗的禪，而是不同於光說不練的口頭禪或狂禪，乃是宗說具通的禪。達摩禪法是從如來藏系統的《楞伽經》出發，五祖、六祖都講《金剛經》，由於如來藏的佛性，即是《般若經》的空性。

問：這是接續著般若思想？

師：對！《阿含經》只講緣起法，沒有講空。空性是般若、中觀依緣起思想而發展出來的。《阿含經》講緣起，見緣起即見法，見法即見佛；這個佛是什麼？是空性，是一切諸法的自性本空！

問：我們所使用的方法如參公案、話頭之類，原本來自禪宗的基礎，現在加上《阿含經》的內容，則所體驗到的會不會和過去不同？

師：《阿含經》並沒有講什麼公案、話頭，也沒有講默照、見佛性。我們在方法上有話頭、有默照，在觀念上有佛性，這就不同於《阿含經》。但是此二法門探索其源頭，確是《阿含經》宣說的緣起，即無常、無我、空、得解脫。若背離了《阿含經》的緣起法（即我認知的「見法即見佛」的「佛性」），便不能算是佛法了，然而漢傳的禪佛教具有包容性、消融性，以及對於人間社會的適應性，因此法鼓山要堅持漢傳佛教的立場。

《阿含經》所代表的素樸性、人間性、實用性，是無可置疑的，然其涉及安心法的次第禪定，則非一般人在日常生活中所能體驗的；所以禪宗將禪修的工夫，運用到擔水砍柴、飲茶喫飯等平常生活中，乃是佛教傳到漢地之後不得不然的發展，這也是《阿含經》所未能見到的特色。

（作者註：此文於二〇〇四年九月二十三日、九月二十四日、十月七日、十月二十一日分成四次對法鼓山僧團大眾講出，復於二〇〇六年三月二

十至二十五日刪修增訂。復經果徹、果見、孟穎三位僧俗弟子校勘補正，迄同年七月八日定稿）

修行、傳承與傳法

我的修行與傳承

在西方世界，一位老師對其弟子的肯定以及認證弟子的修行程度和修行經驗，似乎被認為是一種帶有神祕色彩的行為，由於那是只有老師與弟子之間互通消息而彼此心照不宣的事。另一方面，也有學者們對於禪宗所謂法統的傳承，從歷史的文獻考察，提出了若干疑點來加以責難的。

在我的立場，一向以為禪宗所傳的，就是佛法。以佛法的角度看世間的人類，是因為知見顛倒，所以煩惱不已；大家習慣以無常為永恆、以非我為自我，不信因緣，倒因為果或不信因果。所以是從自我自私的立足點上，維護自己的安全、爭取自己的利益、追求自我的滿足，不是想排斥便是想占有，目的是為了保障自己能擁有長久而充分的快樂。事實上這是不可能辦到的，即使能夠達成每種程度的目的，也僅是局部的和暫時的，跟虛擬的幻景，相差不多。

佛法就老實告訴我們，唯有放下對於自我的不安全感，多多考慮他人的安全措施，自己便是最安全最快樂的人。我自十三歲出家，學佛修行，今年已過七十歲，能夠始終認定一個大方向在努力走前去的原因，就是在我少年時代，已發現到「佛法是這麼好，知道的人那麼少，誤解的人那麼多」，所以發願，要把自己僅僅知道的一點佛法，與他人分享。

這個認知、這個願心，使我從那時起，就不是一個那麼自私的人，凡是能夠與他人分享的好處，我不會獨自占有。可是我也不是一個狂熱的宗教徒，不會硬要他人接受我所知道的佛法，只有在別人希望聽我談談我所知道的佛法時，我才會向他們介紹，請他們參考。我想這就是我早年傳承佛法的願心。

即使我已知道佛法很有用處，我的內心仍有很多煩惱，貪念、瞋心、傲慢、嫉妒、怨尤、懷疑……我都有。正由於自覺煩惱太重、頭腦太笨、學習能力太差，有時也會討厭我自己。

我的師父發現我有麻煩，便教我禮拜觀世音菩薩，每天早晨連續禮拜一至二小時，有時更長，拜得全身大汗，除了很累，好像也沒什麼用。但是我對師父有信心，一直拜下去，數月之後，有一天清晨，我正在專心禮拜時，突然感到頭腦一陣清涼，全身輕鬆，爽快無比，感覺真好。自此之後，我在背誦早晚課誦及梵唄的學習方面，記憶力及理解力，增長得很多。這也使我奠立了修學佛法的信心。

一九四七年至一九四九年春，我希望修學佛法而進入了一所佛教學院，那兒的教育程度，相當於初、高中之間，也參加了幾次禪修念佛的活動。接著便因中國共產黨的革命成功，我就隨著舊政府的軍隊，到了臺灣。我在軍中當兵十年期間，很不容易讀到佛教經書，也難參訪到指導修學佛法的老師，我只有時斷時續地以禮拜及念阿彌陀佛為主要的修行方法。

軍中十年，是漫長的路，也是困難的路。我始終是想再度出家，當時卻沒有人能夠從軍中退役，除非成了嚴重傷殘。經過無數次的努力，得到許多人的關心，終於在二十九歲那年，遇到一位貴人，助我以體弱多病的理由，病徵退役，再度出家時，已是三十歲了。

此在我的生命旅程中，是一項重大的啟示：若有一個正確而明朗的目標，就應該不斷地朝著那個目標的方向去努力經營，發現偏離了既定的方向時，就要努力去修正它，終究一定會完成那個目標的。

在我二十八歲那年，我在軍中有一星期的休假，到了臺灣南部一座寺院，夜晚與一位老和尚同宿一張大通鋪的木板床，可容十來個人，那晚僅我們兩人，那兒因為知我在中國大陸出過家，所以被安排到跟這位老和尚同榻。

老和尚不睡覺，坐在床上打坐，我也不睡了。我在軍中那些年，累積了許多問題，老被卡在心中，愈積愈多，愈卡愈悶，例如：我何時能再度出家？如何能做到？去跟誰再度出家？出家後要做什麼？打算成為什麼樣的和尚？如何以出家身分既能自利又能利人？佛法深廣如大海，我從何處下手？修行法門有無量，我要選擇哪一法門？

此時正好是個難得的機會，所以猶如泉湧的問題，說出來請老和尚開示。他聽我一個接一個地提出問題，看來很關注，沒有不耐煩，當我問完一個問題時，他便問：「還有嗎？」我就繼續問下一個問題，我抱有很高的期望，認為他會在我問完若干問題之時，一次全部回答我，所以我就一股勁地問下去。

突然間，老和尚用力一拍床板，發出一聲巨響，同時喝道：「放下著，睡覺去！」

頓時使我極度地震撼，在一瞬間我便覺得雲消霧開，遍體清涼，透頂輕鬆，好像問什麼問題都是多餘的了。

在關房中的功課

那位老和尚，就是由虛雲老和尚剃度出家的靈源和尚，他受法於虛雲老和尚住持的曹溪南華寺，那是六祖惠能的道場。二年之後，我再度出家，求受比丘戒時，靈源老和尚是我的七位尊證阿闍黎之一。但我從二十八歲的那一夜之後，沒有再去找過他，沒有想要得到什麼印可，他好像也把我這個人忘了似的，再也沒有找我去做什麼驗證。

我在受了比丘戒之後不久，便開始了六年在山中的閉關修行。這期間，在物質生活方面極度地貧窮，在精神生活方面極度地富裕，真是我生命歷程中的重要階段，它讓我奠定了對於佛法知見及修行工夫的根基，也發生了幾次禪修的內心體驗。我的功課，主要有三項：

禮拜懺悔：入山後頭上的半年，每天都修禮拜懺悔法，先後曾以阿彌陀佛的淨土懺、觀世音菩薩的大悲懺為修行法門，然後逐字禮拜《妙法蓮華經》。這有三個原因：自己覺得宿業太重，否則不會生在亂世，以致兩度出家，所以必須懺悔禮拜。為了感恩學佛因緣，出家的身分得來不易，感恩學佛路上，一切的順逆種種助緣，所以應該感恩禮拜。早年我曾以禮拜觀世音菩薩，建立了信心，現在希望以懺悔禮拜來洗滌十年軍人生活的身心。

閱讀三藏：所謂三藏聖典，是指經、律、論。我的重點閱讀及研究，是律部、阿含部，以及佛教的歷史傳記資料，在那個時段，我也寫了關於戒律、阿含、佛教史的幾冊著作。相關於中國佛教各宗文獻，僅做參考，未加深入研究。

禪修打坐：我在過了半年之後，便將禮拜懺悔的時間，改為打坐，每天四至五個小時，我沒有什麼特別的方法，當我發覺有複雜的妄念及疑問而非專一的疑情時，便用靈源老和尚教我的「放下」；當我專注於一個問題時，就一直問下去「是什麼？」。通常，遇有念頭起滅，我都練習「放下」。這使我發現，「是什麼？」是與話頭禪相似，「放下」是與默照禪相近，正好是與中國臨濟宗及曹洞宗的禪法相通。

到日本留學

六年後，我從山中出來時，有人問我：「你現在要做什麼樣的和尚？準備學習哪一位祖師？」意思是問我要做法師、禪師、律師的哪一類？在某一類之中的哪一位歷史上的高僧是我要學習的風範？

其實在我二十八歲以前，自己也問過了這些問題，當我三十歲再度出家時，也曾有人問過我同樣的問題。此時的我卻不希望思考這種問題，我真的沒有想到要做哪一類和尚，歷代的高僧太多，都是我學習的對象，而我自己畢竟不是他們，我只能說學佛是我的志願，至於成為什麼？要做什麼？那就得看將來會有什麼因緣成熟時，能讓我做什麼並且該讓我做什麼，我就做什麼好了。

由於當時的中國佛教徒，包括臺灣在內，文化水準不高，尤其是出家人的教育程度，普遍偏低，很不容易受到上層社會及知識分子的重視，要傳播正確的佛法，就很困難，這不僅是佛教的不幸，更是社會大眾的損失！

因此我便以三十九歲的中年之身，憑我的同等學力，去日本東京，進入立正大學，以六年時間，完成文學碩士及文學博士學位。在這期間，讓我呼吸到了世界性的時代學術空氣，也讓我接觸到了國際性的各種宗教活動，我不僅努力把研究的工作做好，也到各處去參加學習不同宗教不同宗派的修行方法，包括傳統宗教與新興宗教、傳統的佛教及新創的佛教，而以禪宗的修行，花的時間較多。使我知道，日本的禪宗風格，各派之間，也有出入。重視法脈的傳承，則大致雷同。

我在日本寫的博士論文，主題是中國明末的蕅益智旭（一五九九——一六五五年），他是當時的大思想家，對我的影響深刻。他那個時代的禪師們，多半只會玩弄機鋒、閒聊公案，缺乏踏實的解行工夫，所以受到他極其嚴厲的批評。尤其對於他見到的禪宗的法派傳承，沒有實質而徒具形式，非常不以為然！他認為佛法不是用儀式可傳的，佛法不是一種物品，不是可以授受的。他的這種觀點，也不是沒有根據的。

佛法的傳承

我們從《阿含經》中，可以讀到一個名句：「自知、自覺、自作證。」意思是說，自己知道佛法，自己體悟佛法，自己證明自己。這就用不到求什麼老師來印可確認了，當然亦無須由老師給弟子的傳承什麼了。例如蕅益智旭是以讀《大佛頂首楞嚴經》而得悟境，也用該經的經義作證，使他知道他的悟境，並不等於解脫。

可是，假如僅僅標榜「自知、自覺、自作證」，那是會有危險的，很可能天下人都以為已經自知成佛，已經自覺成佛，已經證明自己成了佛了。那不是佛法的標準。

一個負起傳播佛法及住持佛法的任務者，據我的理解，必須具足三個條件：

正見：《雜阿含經》說，正見增上者，終不墮地獄。正見是依據因緣及因果的法則而明的空性見。

正行：《阿含經》中，除了正見增上，尚有正信、布施、淨戒、禪定、智慧的五種增上。大乘禪宗的傳承者，必須以《阿含經》的六種增上行，為解脫道的正軌，再加修行六度、四攝等的大乘菩薩道，才能成佛。

正等覺：這是以成等正覺的佛果位為永遠的目標，所以稱修行佛法，名為學佛，是學佛的慈悲、智慧、弘願。

傳承佛法的任務，就是落在具有正見、正行、大願心的佛弟子身上。此在《增一阿含經》卷三十五，有一段敘述釋迦牟尼佛以傳法任務囑咐摩訶迦葉及阿難尊者的文字，並沒有什麼傳說中的「拈花微笑」及「以心印心」的紀錄。從《傳法正宗記》及《付法藏因緣傳》等禪宗的歷史文獻之中，所載印度的二十八祖，代代相傳，也沒有印心或印可的紀錄。

不過到了中國禪宗第六祖惠能的弟子神會（西元六八四——七五八年）撰寫〈顯宗記〉，其中便有「內傳心印，印契本心」的話了。可知禪宗重視的「印可」，早期的文獻中沒有根據。再加上印度民族不重視歷史而相信傳說，故於留下的各種禪宗源頭資料文獻，對於二十八祖的排名先後出入，有倒置及增減之點，以致引起近代學術界的議論，懷疑傳承之說的可信度及可靠性。

在中國的禪宗，非常重視傳承的法脈系統，此可由各部「燈錄」之中，得到消息。例如我雖不以為一定要有傳承，我確有了相當明確的法脈傳承。近代的中國也不是沒有禪師，例如虛雲、來果、真空等都是功力深厚的大禪師，只是未能使用國際語文，以致不為世界所知。

承繼臨濟與曹洞法源

我在留學日本期間，曾經參訪過臨濟宗的大本山妙心寺及建長寺，曹洞宗的總本山永平寺、大本山總持寺，但我參加的禪修活動是龍澤寺派東照寺，那是原田祖岳老師開創的一個新宗派。當我離開日本到美國時，卻沒有想到求得什麼人的印可。

可是當我到了美國，我的剃度師東初老和尚（一九〇八——一九七七年）於一九七六年來看我，見我正在紐約市的大覺寺教授禪坐，便對我說：「你還沒有傳承哩！」他是中國曹洞宗焦山系的傳承者，就在當天給了傳承，命我接他的法脈，並未舉行儀式。兩年之後，一九七八年，我回到臺灣，去探望基隆十方大覺寺的方丈靈源老和尚（一九〇二——一九八八年），問他：「還認識我是誰嗎？我是曾在高雄一個道場，與老和尚同榻，被您大喝一聲的那個軍人。」他說：「哦！記得囉！二十年前我教你放下的人來了。」

當他知道我已在美國傳播禪法，也主持禪七修行，便說：「該給你一個名字才好。」於是穿起海青披上祖衣，在他的師公虛雲老和尚塑像之前，帶我頂禮，並給我取名「知剛惟柔」。在兩年之間，有了兩個系統的傳承，對我本人，沒有多大意義，對於傳持佛法取信於人而言，還是可貴的。

在我閱覽過程中，發現中國佛教史上的偉大僧侶們，除了大翻譯師及研究戒律的大師之外，禪宗的當然稱為禪師，天台宗、華嚴宗，甚至淨土宗的祖師，多半也被稱為禪師，因此使我留心禪的書籍，尤其於一九七五年到了美國之後，接觸到的禪修文獻，日漸增加，到二〇〇〇年為止，我也以英語及中文出版了二十多種與禪宗及禪修相關的著作。我也有了幾位傳承禪法的弟子，我對傳法弟子的勉勵，其實也是對我自己的勉勵，簡述如下：

中國的禪法是大乘的頓悟法門，頓悟是悟的一切現象的自性，即是空性，見性之後必須發大願心，以正見、正行，弘揚佛法。

體驗正見，即是親見空性，即是見自性，即是見佛性。空性之中有無量悲智功能，所以稱為佛性。但是，見性並不等於佛果的完成，也不等於解脫，還有許多煩惱等著你去處理，還有許多工作等著你去完成。不過你已明確地知道你應該走的路了，你已能夠清楚地知道如何來處理你的問題了。

負有傳承任務的人，應該會感到喜悅，但絕不應該覺得驕傲；應該會感到快樂，但絕不應該覺得自滿。常常提起你慣用的方法，時時要謹慎你平常的言行。因此你是獲益最多、進步最快的人。

至於老師與弟子之間的關係，我的老師東初老和尚曾經告知我「三分師徒，七分道友」，意思是互為增上助緣的善知識。弟子禮敬老師，是為感恩從老師得到了法的利益，老師尊重弟子，是為感激由弟子把佛法傳承了下去。老師並不具有絕對的權威，對於弟子而言，老師扮演的角色，是技術指導的諮詢顧問，是證明修行程度的公證人；彼此之間，是教授佛法與學習佛法的關係結合，弟子是向老師學習正確的佛法，不是要學老師這個人。

（二〇〇一年七月至十二月連載於《法鼓》雜誌一三九—一四四期）

佛教、佛法與佛學

「心六倫」這個名詞是我新提出的，但是它的內容原本就有；我們是配合這個時代的環境需求及人心觀念需要而提出。「心六倫」是「心靈環保」理念的一貫延續，目的是為了「提昇人的品質，建設人間淨土」。

其實，「心六倫」也不是我一個人的發明，而是我接受了許多人的建議，尤其是來自企業界、學術界、文化界和宗教界領袖人士的建議，希望我們這個時代，能夠有一個大家願意接受的共同倫理價值。

臺灣現在最缺少的就是倫理教育，但是，如果我們直接以佛教的《六方禮經》來化導，可能大眾的接受度不高；如果直接以儒家的「五倫」做呼籲，也可能讓人覺得刻板；或者以天主教的「十誡」為勸勉，一般人也不太容易接受。因此，我們推出了新時代的六種倫理價值，稱為「心六倫」，這是從「心」出發，也是重「新」出發。在這個時代環境中，大眾的接受程度比較高。

「心六倫」是以佛法的精神為依歸，而由我結合佛法的精神與大眾的智慧，所提出的一種新的普化教育。自實施以來，獲得各界不錯的回響，例如企業界的回應便相當熱烈，像是前台積電董事長張忠謀、前宏碁董事長施振榮、台塑董事長王永慶、廣達董事長林百里，以及鴻海董事長郭台銘等人，他們都很贊成以這種方式來推廣新時代的倫理教育。

我們出版了一本《承先啟後的中華禪法鼓宗》小冊子，內容很容易看、容易懂，但是還是有很多的人不清楚：「中華禪法鼓宗」與全體佛教有什麼關係？特別是我們興辦的大學院教育，如法鼓山僧伽大學、法鼓佛教研修學院，以及未來的法鼓大學，全都是提倡「中華禪法鼓宗」嗎？而其他系統的佛教，是否就一概不准講了？我沒有說過這樣的話。「中華禪法鼓宗」是結合所有佛法的優點，融攝大、小乘佛教各宗各派佛法的所長而成，因此，我們也鼓勵對各宗各派佛法的研究與修持。我們並沒有排斥百家，而獨崇「漢傳佛教」一宗，如果有這種想法或臆測都是錯的。「中華禪法鼓宗」是兼容涵蓋各系各宗各派的大、小乘佛法，於此同榮滋長，絕不制限只有聖嚴法師的言論才能修習、才可研究；如果我們有所制限，「中華禪法鼓宗」就是局限狹隘，而非漢傳禪佛教的襟度了。可是，我們也必須正視一點：法鼓山的宗風，確實是「中華禪法鼓宗」。以下，我將分別簡介「佛教」、「佛法」和「佛學」三個名詞，請諸位指教，也跟大家勉勵。

何謂「佛教」？

佛教指的是什麼？是根據佛陀的教導而建立信仰的一種教團型態，其內涵包括教理、教儀、教史和教團。教理是佛所教導的人生道理；教儀是佛教徒基本的生活儀範；教史是佛教傳承的歷史；教團是依據佛法而修行的團體。以上四者加起來，就稱為佛教。

有的人會問：「密宗算不算佛教？」「南傳算不算佛教？」「日本佛教算不算佛教？」這些當然都是佛教，凡是有其教理、教儀、教史與教團可追溯根據的，都屬於佛教。然而，假使有人據此稱說：「既然大家同為佛教，都是佛教的一家人，也就沒有所謂彼此之分了。」這種似是而非的說法是很危險的。

以一個企業集團來說，企業裡有母公司、子公司，母公司與子公司各司其職，有的負責上游的生產，有的執行下游的作業。也有的企業，採取橫向的部門劃分，設有科、部門，每一部門都各展其長。如果當企業在進行年度總檢討時，各部門糊里糊塗、馬馬虎虎，反正是一家人，你的就是我的，我的就是你的，你的部門盈餘不少，而我的部門虧損，就把你的盈餘補我的虧損，大家的成果都相同。這樣好不好呢？如果是這麼算的，那就是糊塗帳！你的成果是你的，我的努力和我的開發還是我的，雖然彼此需要互通有無，但是糊里糊塗做成一筆糊塗帳，則是不應該的。

佛教也是一樣，現在佛教的傳承，主要有三個系統：南傳、藏傳和漢傳佛教，但是這三種傳承，已漸有差別。譬如藏傳和南傳佛教，並不特別主張素食，他們的出家人不忌葷食，南傳佛教和日本佛教可以吃魚，藏傳佛教雖不吃魚，可是其他的肉食或菸酒，則不在戒律之中；也有一些傳承，是可以成家、帶家眷的。在這種情況下，仍然可說南傳、藏傳和漢傳佛教無所差別、是一樣的嗎？而我們也可以接受或承認嗎？如果我們承認，就好像是說漢傳佛教也可以吃葷、帶家眷了，這也是糊塗帳！也就是說，整體佛教之中，有共通性的部分，也有差異的存在。

何謂「佛法」？

佛法主要是強調修持、實踐的面向。依據佛陀的教法而修持、實踐或實證，便叫作佛法。佛說：「一切法皆是佛法。」佛說魔法，魔法即佛法；魔說佛法，佛法也就變成魔法。現在世界各地都有一些附佛法外道，譬如在臺灣，就有幾十個人、幾十個團體；在西藏，「雄天護法」是附佛法外道；在南傳地區，如泰國，有一個很大的團體是附佛法外道，他們提倡的修行思想和方法是沒有佛法根據的，但是因為他們在泰國的勢力龐大，所以連僧皇也拿他們沒有辦法，可是在全國性的佛教會議場合，是不會安排他們的席次的。

而根據佛說的法義來修行，修行之後再回過來用佛說的法義證驗自己的修行經驗是否正確，這就是佛法的修證。舉例來說，明末的憨山大師在修行禪定法的過程中，得到了一些修行的經驗，可是他不敢就此確定自己的修行是否如法，直到他讀了《楞嚴經》，一經對照、驗證之下，才確定自己的修行是正確的。這就是根據佛法來修行，然後把修行所得到的經驗，也可說是證悟，再回過頭來以佛學義理重複驗證。

在禪修過程中，有種種的身心反應是很正常的。《楞嚴經》即說，禪修過程中會產生一些魔境；《摩訶止觀》也指出，修行中會發生種種的身心現象。在這種情況下，如果沒有佛法的依據，也沒有修行老師的指導，修禪的人不知揀擇，就會把這些身心現象當成是聖境，那就是修了外道法、發魔了，並不是真正在修證佛法。

一切法皆是佛法，這是沒有錯的。可是，佛法有的時候講

「有」，有的時候講「空」；有的時候講「性」，有的時候講「心」，也有的時候講「理」。我們看到禪宗許多大善知識的語錄，好像他們是瘋瘋癲癲的一群人，你說有他說沒有，你說空他說有，你說有他說空，你說有他說無——講的話好像都是瘋瘋癲癲的，這是什麼原因呢？

這就是說，佛法是活用的，佛法不死於句下。如果你認定這一句才是佛法，而死命地抱定它、認定它，那就落入執著的胡同了！禪宗有個公案，講馬祖禪師跟他的弟子法常之間的故事。法常首次去拜晤馬祖，就向馬祖請法：「如何是佛？」馬祖說：「即心是佛。」法常當下開悟，然後就下山度化人群了。過了不久，馬祖想試探法常是否真的悟道，於是派另外一個弟子到法常那裡傳個訊，說馬祖禪師的講法改了，現在是講的「非心非佛」。法常聽了以後，只說：「唉！不管這老頭子講什麼，我只管它叫『即心即佛』。」馬祖知道了，便說：「梅子熟了！」那也就是說，法常自己的經驗是不受動搖的，不因他的師父態度改變而改變，而他的師父，態度真的改變了嗎？並沒有啊！

禪宗還有一個趙州從諗的公案，有人問趙州禪師：「狗子有沒有佛性？」趙州回答：「沒有。」這句話很奇怪，大家都知道眾生有佛性，為什麼趙州講狗兒沒有佛性？這是什麼原因？

佛法是活學、活用的，佛法不死在一句話下。如果你學佛只學得抱住一句話，不知變通，死在一句話下，那你學佛就沒有希望了。為什麼學佛不死在一句話下？那是因為每個人的程度，隨時都在改變，很可能今天的程度跟明天不同，明天的程度也可能跟後天不一樣；不一樣的程度，對於佛法的體驗也就不同。佛法是讓人實踐的，不是個人的經驗可以解釋，如果用個人的經驗來詮釋佛法，那是很危險的。這樣該怎麼處理呢？有兩種方式，一種是請過來人、大善知識印證；另外一種，是依據佛經的教義做為驗證，但是找經典也要有程度，程度差的人看到某一句經文，正好是他所需要的，就把這一句經文當成是他的修行經驗，這是有問題也很危險的。

何謂「佛學」？

「佛學」一這個名詞，在釋迦牟尼佛的時代是沒有的。佛滅度之後，後人為了研究佛的教導，而把佛教的教史、教團、教理和教儀，當成文獻資料進行彙整、分析和研究的成果，就稱為

「佛學」。

既然佛學是關於佛教種種之研究，是否也可用於佛法的研究呢？這是不能的，佛法不是用來研究的，而是用來體驗和實踐的，如果有人說：「我在研究佛法。」那說的是外行話。但是剛才我所說的「佛教」之學，如教史、教團、教理和教儀，這些都可以研究，都可找到文獻史料。例如古今中外許多學者對於佛教的詮釋、留下的文字記載或實物；後者如石窟佛像和壁畫，以及文物、法器等，皆可從事研究。例如就有專門研究《法華經》版本的學者，但是如果要專門研究《法華經》的修行，那就很困難了，因為修行的層次和經驗，只有實際的修證者才能知曉，不是任何人憑著某些語言文字，望文生義、斷章取義就能理解的。

佛學又分為很多的學派，例如天台學、華嚴學、唯識學等，這是學者們各自深研某一領域，漸次形成的宗論學派；在各個學派之中，尚有不同的支派。以中國的天台學為例，就有「山家」、「山外」兩派之說，唯識學則有「新譯」與「古譯」的不同。「新譯」是屬於玄奘的這一系，「古譯」則屬於真諦三藏那一派所翻譯的經典；但是他們共同的源頭都是從彌勒、無著、世親菩薩等一脈傳下的，只是後人為了研究，而有「新譯」與「古譯」的分歧。這是因為不同的立場、不同的角度、不同的思惟法，而出現了不同的宗論學派，都是屬於佛學的範疇。

佛學的研究，是與你用多少心、看多少書成正比的；當你用心愈深，書看得愈廣博，所知道的佛學也就愈通徹，做出來的學問也愈牢靠。可是，佛學一定可靠嗎？在我還沒有去日本以前，我認為所有的經論都沒有問題，可是我到日本留學以後，聽到許多日本學者提出偽經論，論述哪一部論非龍樹所作、哪一部論非彌勒所傳等，這些都是學者們的見解。此外，在我還未出國前，我不知道國際佛學有所謂「大乘非佛說」的爭議，這對中國佛教徒來說實在是大逆不道之事，大乘佛法怎麼可能非佛所說！為了這個爭論，印順長老花了很多的心血提出論辯說：「大乘非佛所說，還是佛法。」這些都屬於佛學，是一種研究的學問。

我是學佛的人，時時要用佛法

以上我解釋了「佛教」、「佛法」與「佛學」這三個名詞，希望大家能夠有清楚的認知。我現在想問各位：「研修學院的學生，主要致力於什麼？」就是佛學嗎？有的人寫了厚厚的一本書，把各家、各派、各宗的修行方法，全部集結一起，自以為很有學問，其實很糟糕！這就等於把青菜、蘿蔔、豆腐，加上各種葷素，通通放在一個鍋子裡煮，起鍋後還自我稱揚：「看！佛法多豐富啊！」這種大鍋菜的料理法，只會讓人眼花撩亂，無從取用。也有的人，把各種修行方法拿來比較。佛法不是拿來比較的，法義、理論可以研究，佛法是不能比較的，評比哪種佛法層次高，而哪種佛法層次低，這是很奇怪的！

舉個例子，越南有兩位非常知名的法師，一位是一行禪師，另外一位是清慈法師，我曾經請教他們修行的方法。一行禪師說：「我看的經典不多，只看了《心經》、《金剛經》和《壇經》，我在修行的時候，只知道掌握經典的精神，常常經典裡的一句話、兩句話，就讓我非常受用。」清慈法師也講得很清楚：「我只知道

《金剛經》和《壇經》，禪法得力於《壇經》，義理受惠於《金剛經》。而我真正得力的，就只有兩句話：『不思善，不思惡。』我就是抱定這兩句話修行，也不知道有沒有開悟，但是對我很有用。」這就是根據法義，而變成一種佛法修證的要門。佛法不是用來研究的，一進入研究的時候，修行就無法深入、無法著力了。

因此，我剛才問大家：「研修學院的學生，主要致力於什麼？」就是希望大家了解，我們是培養服務社會的宗教師，以及宗教的修證人才、文化人才，這三種都需要。如果僅僅從事佛學研究，這不是我們辦學的目的；如果不清楚佛教的教史、教理、教儀與教團，很可能會變成一個無知的佛教徒。我們最高的目標是佛法——修持佛法、運用佛法、用心於佛法。我們的心，要經常貼熨著佛法，就像清慈法師只抱著兩句話：「不思善，不思惡。」這樣的修行，就能不複雜、不麻煩。

時常把心放在佛法上，才是真正的學佛。過去我有一位弟子在圓山臨濟寺白聖法師的佛學院讀書，這位徒弟很聰明，看書看得很快，理解力也很強，後來我問他們的教務主任：「某某法師，我這個徒弟要請你多照顧，他很聰明的，就是心不踏實。」他說：「對！你這個徒弟，法不染心，他的心跟佛法是不相應的；他能講能寫，但是他的心跟佛法是不相應的。」

所謂「法不染心」，就是沒有根據佛法修行。請問各位，如果專念一句「阿彌陀佛」，算不算用佛法？專注於呼吸、調呼吸，是不是在用方法？如清慈法師所說，在任何狀況下「不思善、不思惡」，這是不是在用佛法？這些都是方法。相對地，凡事計較得失，就是法不染心，心不受於法。《金剛經》講「應無所住而生其心」，可是這有一個前提——要先安住於法，心安住於法，才能夠根據佛法來修行。假使有人辯稱，因為《金剛經》講「無住生心」，所以我不執著。那是不對的！這是在跨空步，當你跨空步的時候，不小心就有可能掉落萬丈深淵。

修學佛法，要步步踏實，要心安住於法，安住於修行的方法。所以無論是在家居士或出家法師，必須經常把心放在佛法上，告訴自己：「我是學佛的人，時時要用佛法。」如果我們用錯了心，有很好的學問，思想也敏捷，就是無心於佛法，這就不是在學佛了。我們看到有些學者，特別是文史哲專家，他們多少會看佛教的書籍，也或許能講說著述佛學，但是他們自己卻不用佛法，這是非常可惜的。

今天所說的三個名詞：「佛教」、「佛法」和「佛學」，其中尤以佛法最重要。現在大多數的佛學院學僧只注重佛學，或者也略讀了一點佛教概論，可是對於佛法的實踐卻不關心、不用心，法不染心。這樣，對於他們自己的安身立命、對社會的淨化、對大眾的倫理教育都是有問題的，而自己的所學和品性、品德的提昇沒有關係，這將會是很危險的。

現在我正在做的一些事，表面上看來好像和佛法無關，事實上卻是密切相關的，例如「心五四」、「心六倫」運動都是佛法。所以希望諸位都能心安住於法，修學佛法、實踐佛法，對眾生多一些慈悲心，對這個社會多付出關懷心，這樣才能體現佛法的真義。

（二〇〇七年十月二十三日講於法鼓山園區第二大樓五樓齋堂「專職菩薩精神講話」，原收錄於《二〇〇七法鼓山年鑑》）

傳法的條件與意義

我在美國教禪修已經三十年了，期間還延伸到英國、克羅埃西亞、瑞士等國。然而，我個人的條件不足，沒有太大的影響力，所以在西方社會發展了這麼久，卻未能形成一股修學漢傳禪佛教的風氣。但是在這段期間，還是有三十多位西方眾一直跟著我，沒有離開，我覺得很感恩。特別是諸位都受過漢傳禪修老師的訓練，也已經開始指導禪修，從今以後，即使我再也不到美國、歐洲弘法，漢傳禪佛教也已經在歐美播下種子、扎下根了。所以，我在西方的弘法，雖然不能說是成功的，但是也不能說一點成就也沒有。

傳法是交代弘法的任務

許多人對傳法很好奇，覺得很神祕，也很光榮，其實從釋迦牟尼佛開始，傳法只是交代任務而已。什麼任務呢？就是要弟子們將已經聽懂的、學到的佛法牢牢記住，然後普遍地傳播給需要的人，這即是傳法。

能夠接受傳法任務的人，不見得都證悟了，或是已經大悟徹底。傳法有三項條件，一是對佛法要有正確的知見；二是情緒要穩定，人格要正常，並且在生活上持守清淨的原則，否則傳法不會清淨；三是要有度眾生、弘揚佛法的悲願。度眾生是慈悲心，弘揚佛法是願心，讓眾生懂得用佛法，就是傳法，況且佛法是心法，如果佛法已經與你的生命結合，你就真正在弘法傳法了！你還想要些什麼？

沒有開悟的老師也能教出開悟的學生

有的人擔心自己沒有開悟，怎麼能教禪修呢？許多人很好奇地問我：「你教禪修、傳承法，那你開悟了嗎？」我的回答很簡單：「我開悟與否是我自己的事，我能夠指導你開悟，才是重要的事。」開悟是自己的事，即使告訴你「我開悟了」，你相信嗎？如果我說「我沒有開悟」，那更糟糕，你可能跑得更快！要對自己有信心，你們的教法，也就是方法和觀念，是傳承於我，而我是傳承自漢傳佛教，我相信我的傳承沒有問題，你們也應該相信自己的傳承沒有問題，所以就不需要再問是否開悟的問題。

不要自己去悟出什麼花樣來，你所教的就是師父的教法。如果在禪修中，有人身心發生狀況該怎麼辦？很簡單，只要告訴他們：「這裡沒有鬼、沒有怪、沒有魔，因為你心裡面有雜念，或是身體本來就有病，所以會產生幻覺、幻境，也就是妄想、幻念，只要不把它當成是真的，就沒事了。」至於背痛、腳痛，根本不成問題。

美國有位約翰．大道．盧裡（John Daido Loori）禪師，是前角博雄（Hakuyu Taizan Maezumi）禪師的弟子。前角博雄臨終時對大道說：「現在傳法的人很少，所以你要去弘法！」大道說：「我不行，我還沒有開悟！」前角博雄就對他說：「你只要去做就行了！」後來大道真的開創了一個道場，接引了不少人，雖然他那時還沒有開悟，但是他的弟子卻都覺得他開悟了。傳法、弘法的人有點類似籃球教練，他們研究打球，知道球該怎麼打，而且對打球的心理、規則及投籃技巧都清清楚楚。他可以訓練出選手來，幫助他們得到冠軍，可是自己卻無法上場比賽。好萊塢有一位武打明星李連杰，他從小接受武術訓練，得過五次全國武術比賽冠軍。有一次我問他：「你的老師得過幾次冠軍？」他說：「一次也沒得到。」

所以，弘法的人雖然懂得正確的佛法知見，以及修行的技巧和方法，但自己不一定是開悟的。所謂「開悟」是什麼？這是無法形容的，就像用手指指月亮，告訴你月亮在那裡，而你相信有月亮，就要自己去找，不能光是倚靠老師的手指。因此，即使是沒有開悟的老師，也可以指導出開悟的學生。

能夠受用佛法就是得法

很多人誤解，認為開悟可以「傳」，其實這是不可能的，必須自己去悟，悟後由老師證明。但證明並不是另外傳一樣東西給你，因為你所悟的是你本來就有的，而非老師傳的。能傳的只有教學和方法，自釋迦牟尼佛以來，所傳的法也只是這兩項，即所謂的「心法」。心法是自己對法的體驗，但這體驗不是做夢或打坐時看到什麼東西，而是煩惱減輕、慈悲心增長了。因此，若是你能夠受用佛法而得到利益，那你就已經得到心法，並不是有個「悟」，讓你一下子從老師那裡傳到自己的心裡來。

許多人會問：「開悟究竟是什麼狀況？是什麼境界？」我會說：「如果有境界、有狀況，就不是開悟了。」更明白地說，開悟是什麼也沒有，是空、無我、無心，如果心中還有一些東西讓你牽牽掛掛、上上下下的，都不是開悟，所以它是沒有辦法解釋的、無法形容的。其實是否開悟，只有自己知道，如果覺得有疑惑，再去找一個高明的老師印證一下。但是印證並不是敲一個印，而是以心印心。

師父還是凡夫，並沒有得解脫，沒有成為阿羅漢或佛，也是根據傳承來傳法。不過我的情緒是比較少一些、煩惱比較輕一些、瞋恨心比較小一些，而慈悲心比較多一些，我也覺得隨著年齡愈大、弘法的時間愈長，自己的智慧好像也更高一些，所以是逐步、逐步，漸漸地走向解脫。你們不要希望一下子就沒有煩惱，而要在學了佛法、禪法之後，你知道自己有多少煩惱，也知道自己過去煩惱很重，現在好像輕了一點，如果有煩惱的時候，就用方法來調整，這樣煩惱就會漸漸輕了。

指導他人首重發心

用佛法幫助自己，是自己在學法；說法幫助別人，這是傳法。修行不是靠腿，說法也不一定是靠嘴。印度有位禪師葛印卡（S.N. Goenka），他教授內觀禪，可是他根本不能盤坐，於是請人幫忙盤腿給弟子看。所以心很重要，如果你有心照顧、幫助初學的人，肯付出耐心來關心他們的狀況，協助並糾正他們在想法及方法上的錯誤，你就可以指導他們了。只要有人來打坐，不管是一人、兩人、三人或四人，都可以組成共修團體。

我六十歲才找到了法鼓山這塊地，當時沒有錢、沒有人力，可是一轉眼到現在二十年，法鼓山也已經建設完成，所以大家要發願。

（二〇〇八年七月二十六日於法鼓山園區會客室為西方禪眾開示，原收錄於《二〇〇八法鼓山年鑑》）

付囑傳持佛法的任務

諸位仁者菩薩們：

今天是我們法鼓山的大好日、大喜事，因為這是我們第一次舉辦傳法的儀式，在座的除了常住大眾、法師、行者、同學之外，歷來的護法菩薩們也受邀觀禮，共同分享這份喜悅。

傳法，任務的交代

我現在把傳法的意義、傳法的對象，以及接受法脈的任務介紹一下。

傳法的意義是什麼？禪宗六祖惠能大師在七十六歲時，召集十位弟子交代傳持佛法的任務，我也在七十六歲今天傳法，對象一共有十二位。為什麼是這十二位，而不是其他人呢？今天在場的十二位法師，都是在我們法鼓山體系內長期奉獻，對我們僧團的運作付出很多的時間和心力，有的在禪法修行上有深厚基礎，有的在佛學、教育、文化等方面貢獻很多，而且他們都有一個共同特性，就是性格穩定、持久性，這是非常重要的。

這次傳法以後，不是僅有這十二位才是我的法子。當初六祖惠能大師交代的十位弟子之中，我們知道真正對佛教史上有貢獻的，好像只有神會禪師，以及記錄《六祖壇經》的法海禪師，其他對後世佛教有影響的像是石頭希遷、青原行思、南嶽懷讓，都不在這十個人之中，但卻對後來的禪宗發展有很大的貢獻，即使神會一系在當時北方有貢獻，可惜他後來並沒有傳持的人。

把佛法傳持下去是最重要的，因此，為了讓佛法明燈永續不斷，為了讓漢傳佛教承先啟後，為了法鼓山理念的傳持和普及，所以我們有傳法的需要。今天這次是任務型的交代、任務型的傳法，這是我們的第一次，往後如有需要還會再舉行。

接法者的三個條件

這次傳法的對象是誰呢？我們立出三個條件：

一、已從心法獲得入處，並有弘揚心法的悲願及能力者。

二、接受付託主持正法、弘揚正法、傳承正法、續佛慧命，而具維護、開展法鼓山系禪法之能力者。

三、已有獨立弘化法鼓山所傳教法於一方之能力或道場者。

第一是已從心法獲得入處，也就是禪宗講的明心見性、以心印心，不過具有這樣經驗的人，並不一定適合傳法。例如有幾位被我印可過見性的人，臺灣也有、美國也有，但我並沒有傳法給他們，為什麼？因為他們還沒有弘揚佛法的悲願和能力，這個條件是非常重要的，所以明心見性不一定能傳持佛法，這一點請大家要了解。

第二是接受付囑主持正法、弘揚正法、傳持正法、續佛慧命，具有維護和開展法鼓山禪法能力的人。當六祖惠能傳法的時候，弟子們問他傳的是什麼法，有什麼另外的交代？惠能大師說自己有一部《壇經》，只要照著弘揚就夠了，沒有再另外付囑；當釋迦牟尼佛傳法給摩訶迦葉、阿難尊者，他要他們傳什麼呢？傳正法眼，也就是勝法眼。正法眼、勝法眼是什麼？從《增一阿含經》裡面，我們看到致力將釋迦牟尼佛正確的教法，普及、永續地傳持下去，都有這樣的悲願，所以接受傳持。

第三是已經有獨立一方、弘揚法鼓山禪法的能力，而且已經有了道場，這種人也是我們傳法的對象。這三種之中具有其中一個條件，我們就傳法。

接受法脈以後的任務是什麼？所謂「接受法脈」，就是接納各派各系所長，我們通常所講的南傳、藏傳，以及漢傳佛教八大宗，這每一派、每一宗的所長，我們都要將它們匯集起來，也就是將每一系、每一派的長處，匯歸到我們漢傳佛教來，改革漢傳佛教的弊端，補強漢傳佛教的不足，就可以跟整體未來的世界佛教接軌了。

十二位接法者

這次接法的人是哪些人？現在以他們的戒臘來介紹一下。第一位是果如法師，他是我最早的一位剃度弟子，現在他有一個道場在臺北縣中和，叫玉佛寺。雖然他很少回來，但他經常帶他的弟子護持法鼓山，他的弟子全都是法鼓山的勸募會員，而且他已經有幾位很優秀出家弟子。現在我們法鼓山給他一個任務，請他做禪堂的板首。

第二位是惠敏法師，在我們團體裡面，他的角色非常多，既是中華電子佛典協會的會長，亦是中華佛學研究所副所長，又是我們行政體系的總執行長，也是我們僧團的首座，還是法鼓山僧伽大學佛學院副院長。另外，我們已向教育部申請的佛教研修學院，他是校長，同時他還擔任國立臺北藝術大學教務長、西蓮淨苑方丈、光明寺住持，他是日本東京大學文學博士，本身是一位教授。他對我們團體奉獻很多，今天傳法以後他就是我的法子。

第三位是果暉法師，他曾擔任僧團的都監，後來我派他去日本我的母校立正大學留學，今年（二〇〇五年）春天獲得博士學位，現在他是亞洲大學專任助理教授，也是法鼓山僧伽大學佛學院的副教授，今天我同時宣布，他也擔任我們法鼓山的副住持。

第四位是果元法師，他是一位越南華僑，在美國跟我出家。我到美國各地，他都跟我形影不離，後來擔任美國象岡道場以及東初禪寺住持，現在我請他回到總本山擔任我們禪堂的板首。

第五位是果醒法師，他在我們團體擔任過監院，現在是副都監，同時也負責禪修推廣中心，也就是傳燈院，為僧團的禪修副都監。將來在禪堂運作和禪學推廣上，會與果元法師共同經營。

第六位是果品法師，是僧團現任的都監，實際上他擔任都監已經有五年了，他的工作是代表我出席會議和接見客人，以及代表我做關懷工作。

第七位是果東法師，在我們的基金會以及護法體系，他是輔導師，主要是做關懷的工作，他也是我們僧團關懷院的監院，同時也是我們男眾部的副都監。

第八位是果峻法師，他與我結緣於美國，在美國象岡道場參加過很多次禪修，他曾經在韓國的道場住了很久，也在南傳的修行團體住了很久，並到澳洲完成碩士學位，現在他是我們象岡道場的執行董事、負責人。

以上八位男眾，都是我們體系內擔任比較重要工作的比丘。下面介紹四位比丘尼。

第一位是果鏡法師，他原來是僧團的監院，後來派他到日本留學，前年（二〇〇三年）在京都的佛教大學完成博士學位，現在回到僧團擔任僧伽大學佛學院副院長，他同時也是國立中興大學的助理教授，在僧伽教育上，現在要他多花一點心血。

第二位是果廣法師，他先後擔任了二次女眾部的副都監，現在是第二次擔任，已經有五、六年了，而且他是四位副都監中的執行副都監，非常用心在制度的建立以及人事調配。

第三位是果肇法師，他曾經擔任法鼓山基金會的副執行長兼祕書長。他在基金會服務了十年之久，現在擔任中華佛學研究所副所長，也是僧伽大學學務長。

最後一位是果毅法師，他是法鼓文化的負責人，不過他現在的任務比他過去加重了四倍。過去他僅僅負責法鼓文化，但目前擔任文化中心副都監，共包括五個單位，都由他來負責。

以上介紹了十二位法子。法子跟一般弟子有什麼不一樣？其實沒什麼不一樣，法子只是交代任務，其他雖然還沒有傳法，但我希望每個人都能擔起重責大任，有沒有傳法都不是問題。

有道者得，無心者通

傳法是一項責任。釋迦牟尼佛說，我們這些人只要運用佛法、傳持佛法、弘揚佛法，擔當任務之後就是法子。法子是從佛口生，得佛法分，也就是自己的心性跟佛說的正法相應，這就是法子。所以，在家居士也能成為我的法子，只要你接受這樣的任務，達成這樣的標準。

法子，一定要發菩提心，一定要有出離心；有出離心就不會有煩惱，有菩提心就會奉獻給眾生。如果受了佛法付託，卻還有煩惱習氣，那就隨時要修正、懺悔、慚愧，這樣子我們才能弘法和利生。在我們僧團裡面，只有職務的輕重，沒有地位的高低，如果接了法就貢高我慢，那就對不起這個法統的傳承。

我們對上要尊敬，對人要友善，對後輩要關心、要慈悲，對自己則要節儉。如果自己有權、有位，享受便比別人多一些，這對傳法就是一種敗壞。我在你們這個年齡的時候，出門是沒有車的，只能騎腳踏車、摩托車，有時候坐小發財車，自己也沒有什麼辦公室，哪個地方有位子，我就坐到那個地方去，吃的、穿的都隨眾。只是現在年紀老了，飲食要人家特別照顧，不過我也沒有吃得比大家好。

記得我的師公，也就是智光老和尚，他的衣服自己洗、自己補，從不借助別人來剃頭。我們要感動他人，就要忍苦耐勞，對人盡心盡力。有學問、有能力當然好，但如果有學問、有能力卻沒有德行，對佛法就是一種敗壞。《六祖壇經》裡有這樣子的對話：有位弟子問惠能大師，你的正法眼藏究竟要付給誰？大師說：「有道者得，無心者通。」這二句話是不是六祖所說，尚待考證，但這兩句話的意義是對的，就是說你有德行，就得到了正法眼藏。怎樣通達正法眼藏？要放下自我的執著心，就是自我的種種妒嫉、猜疑、不滿、貪瞋，這些種種都放下的時候，你就是跟正法眼藏相通了！

法鼓山的法就是漢傳禪法

法鼓山的法，實際上也沒有特別的法，就是漢傳禪法，漢傳禪法跟南傳、藏傳是不一樣的。漢傳禪法的殊勝之處在於民間化、普及化、生活化，漢傳禪法不離佛法的根本，也不否定學問，卻不一定要談多少學問。如果老是談學問，弘法只談學術，佛法便不能普及，中國的禪宗之所以一枝獨秀，原因即在於此；而其他宗派沒辦法普及，正因為他們的理論很高深，只能適應上層社會的知識分子，跟一般民間不能相應、接合。

中國的禪宗就是中華禪，從百丈到馬祖，百丈所傳的禪法很簡單實用，不管是否具有學問、知識、錢財等做背景，都沒關係，一般人都可以在生活上運用，就因為所傳禪法如此地純樸、簡單、實用，所以可以普及，得以持久。

我之所以強調這點，是因為我們不能依靠奔走權門、豪門，如果老是巴結權門、奔走豪門，希望他們來護法，一時之間可能有用，可是長期的話便會失去一般民間大眾的基礎。

不過，這也不是說我們排斥權門、豪門，我們不排斥、不拒絕他們，並且也希望接引他們，來成為佛法的實踐者及護持者。但不能去巴結、奔走。奔走權門、豪門，佛法一定沒有辦法持久興盛、普及人間，這也就是為什麼佛要說「一缽千家飯」，便是要我們從一般社會大眾出發，平等接引每一個階層，為他們服務、給他們照顧，讓他們都能各取所需，得到佛法的利益，如此，佛法才會常住世間。佛法其實就是靠大眾，釋迦牟尼佛自己出身貴族，他雖化度王臣長者，但他接觸的人大多是平民，因此大家要掌握這個原則。

五項傳法標準

法鼓山在過去這二年來，不斷尋求制度的完善、組織的完備，制度要從僧團這裡著手，未來我們團體是以僧團為核心，今天傳法的十二位，是我們法鼓山組織架構裡面重要的執事，當中有的不是住在我們本山的，但都是彼此密切互動，而且方向一致，遇到任何爭議的問題，共同商量，商量時不違背法鼓山傳法的標準，以及我們傳法的意義和任務。

我們法鼓山究竟是什麼樣的道場？我曾經跟僧團講過，佛法以釋迦牟尼佛為最高，然後是印度的佛教、漢傳的佛教、漢傳佛教的禪佛教，禪佛教中，以心靈環保為主軸的是法鼓山的禪佛教，然後再往未來看，則是整體的世界佛教，我們在這樣的原則下往前運作。

至於如何運作？目前尚未明朗，由於方丈尚未交位，所以，如果師父出遠門，或者要休息一段時間去閉關，法鼓山這個團體由誰來代理？師父目前兼任方丈和住持，但住持與方丈是不同的，在一般的道場稱「住持」；大本山、大叢林的住持叫作「方丈」。因此，當師父要出遠門，或要靜養一段時間，或要閉關修行，方丈還沒有交位時，行使方丈職權的就是首座和尚。

現在請大家跟隨我宣讀法鼓山的傳法標準，共計五條：

一、對佛法具正知見；

二、生活言行嚴守淨戒律儀；

三、具備弘法的悲願與能力；

四、具備攝眾、化眾、安眾的能力；

五、認同法鼓山理念，願盡形壽以推廣法鼓山理念及宗風為當然責志。

（二〇〇五年九月二日講於北投農禪寺「法鼓山傳法典禮」，原收錄於《二〇〇五法鼓山年鑑》）

法鼓山的傳承

我在今年之內準備退位，行政職權的棒子會交接，但是法鼓山的理念、方向、修行和精神，只要我在一天，就會負責一天。

法鼓山的法脈傳承

我們在去年（二〇〇五年）九月二日舉辦一場傳法大典，此後便常常有人問起：「法鼓山究竟傳的是什麼法？」當然是傳佛法，因為我們的法統，是從釋迦牟尼佛開始，釋迦牟尼佛以佛法救度眾生，而一代一代的弟子接受釋迦牟尼佛的教法，自己用佛法，也進一步教人認識佛法、實踐佛法，這便是在傳法。

傳法究竟是不是有一個真正實質的東西可傳？有，我們是有一份法統證書，但是傳法的深義，並不在於那一張紙，而是接下任務的承擔。法鼓山的法統，是以中國禪宗為依據；雖然近代學者對於禪宗法脈的考證仍有爭議，可是到現在為止，佛法的薪傳能夠一代代地延續，而且記載有清楚交代傳承的，只有禪宗。

禪宗的法統，從釋迦牟尼佛傳到菩提達摩已是第二十八代，中國的漢傳佛教，則以菩提達摩為第一代，到六祖惠能是第六代，其後傳到臨濟祖師，成立臨濟宗，往下則有黃龍和楊岐二派。其中，黃龍派已斷絕，持續薪傳的是楊岐派。漢傳的禪佛教，大致上都是楊岐的法嗣，包括我們法鼓山的傳承也是。

我的傳法師父是虛雲老和尚的弟子——靈源老和尚；另外，在曹洞宗的傳承，是從石頭希遷到洞山、曹山，自曹山之後，傳到南宋的宏智正覺，再往下傳到焦山，這是曹洞宗的一門相傳。我的剃度師東初老人，傳的便是曹洞宗法脈。因此，在我身上，同時承接了臨濟與曹洞二個法脈，去年九月的傳法大典，我將這兩個法脈一起並傳，稱為「中華禪法鼓宗」。

此外，我也吸收了南傳內觀和西藏佛教的基礎修行方法，並且研究、參考了日本、韓國、越南的禪法特色，將我幾十年來對於禪修體悟的心得，統整、融通、匯合，才開展出今日的「中華禪法鼓宗」。

因此，請大家不要以為「中華禪法鼓宗」就只等於十九世紀的中國漢傳佛教，就應該被淘汰，那是錯誤的！也請不要以為「中華禪法鼓宗」排斥印度佛教、藏傳佛教，我們不僅不排斥，反而是吸收、融會這兩個系統的優點，從中予以學習。「中華禪法鼓宗」是我們法鼓山傳承的定位，現在經過我的解釋以後，大家應該能清楚。我整合了古今內外，臺灣以及其他地區的修行方法和內容，從而提出「中華禪法鼓宗」。往下傳，我們一定要「承先啟後」，後來的人可以有自己的法門，卻不可數典忘祖。譬如禪宗之後有「臨濟」、「曹洞」，臨濟以下有「楊岐」和「黃龍」，這是後來的弟子因時因地成立的法門，這是可以接受的，但是原有傳承不能被否定。

法鼓山是一個提倡心靈環保的團體，我們所推廣的「心五四運動」之中有一個「四安」的觀念「安心、安身、安家、安業」，我們的團體要先安定，才能影響並安定整個社會。日後接位的新方丈，一定要尊重既有的傳統，才能承先啟後。否則每次一有新人上台，就換一套新措施、新作法，那麼團體的凝聚力不容易產生，團體的貢獻也必然有限。因此，我要請僧團、護法體系信眾，以及諸位菩薩，在新任方丈產生以後，請大家一起來幫助他、支持他、勉勵他。

在既有的傳統下往前走，尊重傳統、承先啟後，唯有如此，我們的團體才會有希望，而對於臺灣社會以及全世界，才能夠真正有大貢獻。

（二〇〇六年七月六日講於法鼓山園區國際會議廳「專職菩薩精神講話」，原收錄於《二〇〇六年法鼓山年鑑》）

告誡眾弟子書

我們讀印度佛教及藏傳佛教諸先賢所作論書，必以讚頌三寶，感恩、皈敬、傳承法脈為開端。漢傳各宗，亦皆以祖述闡揚其所出諸祖之論點，為正宗或傍出之依據。禪宗不立文字、教外別傳，為眾所周知，然其絕不違越禪宗歷代祖師所立宗旨芳範。迄于二十世紀之日本臨濟、曹洞二宗，以及韓國之曹溪宗，雖未見有偉大禪師出世，然其禪修之外形，依舊遵古守則，禪寺之運作，尚可令人興古風之思，是以歐美人士之慕道習禪者，乃選擇日、韓二系者居多也。

吾猶憶中國大陸曾有文化大革命之十年動亂中，雷厲風行，破四舊之浩劫。否定漢民族古文明，摧毀漢民族古文化，致使中華民族史上，先聖先賢所遺智慧產業，一度遭到廢棄殘害。以彼時也，中國社會落伍於西方國家，故對東方之儒、道、釋文化，視之為現代化之絆腳石。唯其於二十一世紀初頭，又復重視中華文化之含容性及消融性矣。又復振興儒、道、釋三教之研究及推廣矣。又復於大陸人士口中得聞「感恩中國老祖宗的遺珍」矣！

數十年來使吾憂心而晝夜不已者有四：漢傳佛教人才寥落，其一也。漢人佛教界能通宗通教而對其本末源流得識權實者極少，其二也。漢人佛教徒中願意探索漢傳佛教而予以重新為現代人釐清脈絡次第者極稀，其三也。淺學自驕者流競相奔走於南傳及藏傳門下則成群成隊者，其四也。

緣此憂心吾即開創中華佛學研究所，培育研究佛學之基礎人才，首開重視梵、巴、藏、日、英等研究佛學之語文工具，中華佛學研究所能有今日國內外之好評，足徵吾之所為，未曾白費工夫。然於其辦學目標則尚未達成，乃為「立足中華（漢傳）」佛教之復興，頗有一段距離，殷盼吾之弟子群，當以印度佛學為基礎，漢傳佛教為資產，南傳及藏傳佛教佐參考，走出具有漢傳佛教特色之世界佛教大局面來也。

吾曾目睹不少怪現象：有一新時代之住持僧，為使其已有三百餘年歷史古剎煥然一新，竟非整舊如舊，而是重新設計，以現代工法及現代建材將古匾、古字、古雕刻全部拆換成現代模式，此實使得古文物遭殃，聞之視之心痛不已，無它，當歸咎於僧人之未讀書也。有一位名聲甚美之長老以病往生佛國之後，生前所建頗具規模之道場，為其座下首席弟子繼方丈位，未久間，該道場文宣品中，介紹該寺沿革，對於其師某長老隻字未提，其首席方丈弟子則自稱開山，外人扣問其故，答云：道場初建之際，長老時已抱病，實際事務均由弟子經手也。此乃倫理廢弛之一例也，弟子與師，爭奪開山之功勞，可嘆百千次！

吾見不少身著漢僧服裝者，並以漢寺及漢人社會為衣食資生，然其口口聲聲批評漢傳佛教之不是純佛法，漢傳僧尼生活方式不合佛制律儀，彼等不時讚揚南傳佛教純正，藏傳佛教有內涵有次第。外人扣以汝曾深入漢傳佛教諸宗文獻否？答云：既不合原始佛教又不合現代價值，豈用深入也。

其實彼等確係無知淺聞，殊不知漢傳佛教本出於印度大乘亦融貫大、小三乘，乃為發展中產生之適時適境而又不違根本之佛教。此種漢傳佛教之特色，尤其是禪宗百丈的戒律觀，乃為不違大、小乘戒律，亦不墨守大、小乘戒律，允為隨時隨方而又不失清淨及精進之最佳芳規，亦為今後世界佛教之必行也。

凡吾弟子當以吾此告誡，自勉勉人，庶幾漢傳禪佛教之法鼓宗，得以綿延不絕。否則，否定祖脈源而自以為高明者，非吾弟子也。

二〇〇六年三月十二日聖嚴手書

（同時收錄於《美好的晚年》）

國家圖書館出版品預行編目資料

承先啟後的中華禪法鼓宗 / 聖嚴法師著. -- 初
版. -- 臺北市：法鼓文化, 2021.02
面；　公分
ISBN 978-957-598-878-4（平裝）

1. 禪宗 2. 文集

226.607　　　　109019855

人間淨土 50

承先啟後的中華禪法鼓宗

The Dharma Drum Lineage of Chan Buddhism:
Inheriting the Past and Inspiring the Future

著者　聖嚴法師
出版　法鼓文化

總審訂　釋果毅
總監　釋果賢
總編輯　陳重光
編輯　張翠娟、李書儀
封面設計　化外設計
內頁美編　小工
地址　臺北市北投區公館路 186 號 5 樓
電話　(02)2893-4646
傳真　(02)2896-0731
網址　http://www.ddc.com.tw
E-mail　market@ddc.com.tw
讀者服務專線　(02)2896-1600
初版一刷　2021 年 2 月
初版二刷　2021 年 4 月
建議售價　新臺幣 180 元
郵撥帳號　50013371
戶名　財團法人法鼓山文教基金會 — 法鼓文化
北美經銷處　紐約東初禪寺
Chan Meditation Center (New York, USA)
Tel: (718) 592-6593　Fax: (718) 592-0717

法鼓文化

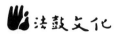